公益財団法人全国商業高等学校協会主催

商業経済検定
模擬テスト

第1・2級

経済活動と法

contents

重要用語解説

用語の意味や定義を，しっかり確認しておきましょう。理解できたら，□にチェックマークをつけてください。

経済社会と法

□ 001 一 般 法 　　001 広く一般的にその効力が及ぶ法をいう。例えば広く一般の人々の経済活動に適用される民法がこれにあたる。

□ 002 拡 張 解 釈 　　002 法文の文言について，通常よりも広く拡張して解釈することをいう。

□ 003 環境基本法 　　003 環境の保全に関する基本理念や施策の基本となる事項を定めた法律をいう。1993(平成5)年に制定された。

□ 004 慣 習 法 　　004 人々の間で法として意識されるようになった慣習をいう。

□ 005 規 則 　　005 地方公共団体の長が，その権限に属する事項について制定する法をいう。

□ 006 強 行 法 規 （強行規定） 　　006 当事者の意思にかかわらずその適用が強制される法をいう。公の秩序に関する法や，夫婦や親子など親族に関する規定や所有権に関する規定などがこれにあたる。

□ 007 公私混合法 （社会法） 　　007 私人相互の法律的な関係を放置しておくと経済的な不平等が拡大することから，社会的あるいは経済的な弱者の保護のために制定される法をいう。例えば雇用関係に対して関与する労働基準法や，合併や売買に対して関与する独占禁止法などがこれにあたる。

□ 008 公 序 良 俗 　　008 「公の秩序又は善良の風俗」の略で，これに反する法律行為は無効となる(民法90条)。

□ 009 公 布 　　009 成立した法令の内容を国民(または住民)が知りえる状態にすることをいう。主に官報に掲載される方法で行われる。

□ 010 公 法 　　010 国または地方公共団体と個人との関係を規律する法をいう。憲法や公職選挙法，刑事訴訟法や民事訴訟法などがこれにあたる。

□ 011 国 際 法 　　011 国家間の関係を定める法をいう。

□ 012 国 内 法 　　012 国内における権利・義務の関係を定める法をいう。

□ 013 実 体 法 　　013 どのような場合に，誰にどのような権利や義務があるのかといった権利・義務の実体そのものについて定めた法をいう。例えば憲法・民法・商法・刑法などがこれにあたる。

☐ 014 私　　法	014 売買や貸借など私人相互の関係を規律する法をいう。民法や商法などがこれにあたる。
☐ 015 社 会 規 範	015 社会生活をおくるうえで，人間同士が関わりをもつ際に守るべきルールをいう。
☐ 016 縮 小 解 釈	016 法文の文言について，通常よりも狭く縮小して解釈することをいう。
☐ 017 条　　約	017 国家間で締結された文書による協定をいう。内閣によって締結されるが，国会の承認を得なければならない。成文法の1つに分類される。
☐ 018 省　　令	018 各省の大臣が制定する命令をいう。成文法の1つに分類される。
☐ 019 条　　例	019 日本国憲法と地方自治法にもとづいて法律の範囲内で地方公共団体の議会が制定する成文法をいう。一方，地方公共団体の長が制定する成文法を規則という。
☐ 020 成 文 法	020 文書の形式で存在する法をいう。
☐ 021 政　　令	021 内閣が制定する命令で，成文法の1つである。国会以外の国家機関が制定する命令のなかでは，最も優先的な効力が認められている。
☐ 022 施　　行	022 公布された法令の効力を現実に発生させることをいう。
☐ 023 手 続 法	023 裁判などによって権利や義務を具体的に実現する手続きについて定めた法をいう。例えば民事訴訟法や刑事訴訟法がこれにあたる。
☐ 024 特 別 法	024 広く一般的に効力が及ぶ一般法に対して，特定の人や地域などについて定めている法をいう。
☐ 025 特別法優先主義	025 一般法と特別法に同じ事柄について規定されているときには，特別法が一般法に優先して適用されるという考え方をいう。例えばアパートを借りる場合には，特別法である借地借家法の規定が，一般法である民法の規定に優先して適用される。
☐ 026 任 意 法 規（任意規定）	026 当事者が法と異なる内容を定めたときは，その意思（意思表示）が尊重されて，適用されない法をいう。売買に関する規定や債権契約に関する規定の多くがこれにあたる。
☐ 027 反 対 解 釈	027 法文で定めていない事柄について，法文の意味を反対に解釈することをいう。例えば重量制限の関係で「馬の通行禁止」となっていた場合に，「牛は馬ではなく，法文で規定されていない以上，重量があっても通行できる」と解釈する場合をいう。

□ 028 不 文 法   028 成文法に対して，文書の形式では存在しない法をいう。

□ 029 文 理 解 釈   029 法文の字句や文章の意味を文字通りに解釈することをいう。法の解釈のなかで，最も基本的な解釈となる。

□ 030 法 の 解 釈   030 一般的・抽象的に定められている法文の意味や内容を具体的に明らかにすることをいう。

□ 031 法律不遡及の原則   031 法令は原則として施行期日前に発生した事柄には適用されないという原則をいう。

□ 032 命 令   032 法律によって権限が与えられた国会以外の国家機関が制定する法をいい，成文法の1つに分類される。このうち内閣が制定する命令を政令，各省の大臣が制定する命令を省令，内閣総理大臣が制定する命令を内閣府令という。法律に違反する場合は，効力を有しない。

□ 033 類 推 解 釈   033 類似するほかの事項の法文から推しはかって法の解釈を行うことをいう。例えば重量制限の関係で「馬は通行禁止」となっていた場合に，「牛は馬ではないが，重量制限の趣旨からすると牛も通行禁止である」と解釈する場合をいう。

□ 034 論 理 解 釈   034 法令の立法目的やほかの条文との関係などを考慮して，法全体に論理的に矛盾がないように解釈することをいう。

権利・義務と財産権

□ 001 意 思 能 力   001 自分の行為の結果を正常に判断できる能力をいう。誰にでもそなわっているわけではなく，幼児や重度の精神障がい者，泥酔した人などには認められない。

□ 002 意思の不存在   002 意思表示と内面の意思が異なることをいい，心裡留保・虚偽表示・錯誤の3つがある。例えばガムを購入しようとは考えていないのに，レジにガムを差し出してしまう場合をいう。

□ 003 意 匠 権   003 物品の形・模様や色彩またはこれらの結合，建築物の形状などや画像であって，視覚を通じて美的感覚を生じさせるもの（意匠）に関する権利をいう。取得には意匠原簿への登録が必要であり，保護期間は出願の日から25年間である。

□ 004 遺 贈   004 遺言により遺産の全部または一部を無償で，あるいは負担を付けて譲ることをいう。

☐ 005 一般財団法人	005 2008(平成20)年から設立が認められるようになった法人形態をいう。300万円以上の財産があれば公益性や目的は問わずに誰でも設立ができる。財産を運用して，その利益で事業を行う。日本品質保証機構などがこれにあたる。
☐ 006 一般社団法人	006 2008(平成20)年から設立が認められるようになった営利を目的としない法人形態をいう。2名以上の社員がいれば公益性は問われない。要件を整えて登記すれば設立することができる。日本経済団体連合会や日本民間放送連盟などがこれにあたる。
☐ 007 一 般 法 人	007 営利を目的としない法人をいう。一般社団法人と一般財団法人とがある。
☐ 008 一般法人法	008 一般社団法人と一般財団法人の設立・組織・運営および管理について定めている法律をいう。正式名称は「一般社団法人及び一般財団法人に関する法律」である。
☐ 009 囲繞地通行権	009 袋地(他人の土地に囲まれて，公道に出ることができない土地)の所有者が，その袋地を囲む他の土地(囲繞地)を一定の制限のもとで通行できる権利をいう。所有権の行使が無制限ではない例である。
☐ 010 入 会 権	010 農村などの一定地域の住民が，慣習にもとづいて一定の山林や原野に入って，草やたき木などを採取したり，牛馬を放牧したりすることができる権利をいう。
☐ 011 宇奈月温泉事件 (宇奈月温泉木管事件)	011 宇奈月温泉の引湯用木管が約6.6㎡にわたり自分の土地を通っていることに目をつけたAが，木管の撤去に莫大な費用がかかることに目をつけて購入した土地全部を時価の数十倍で買い取るように要求した事件をいう。裁判所は，Aの要求を「権利の濫用」として退けた。
☐ 012 永 小 作 権	012 稲作や牧畜を行うために，小作料を支払って，他人の土地を使用できる権利をいう。
☐ 013 果 実	013 物から生じる経済的な収益をいう。天然果実と法定果実とがある。
☐ 014 義 務	014 他人のために一定の行為をしなければならないことや，逆に一定の行為をしてはならないことをいう。
☐ 015 義務主体(者)	015 社会生活において義務を負う者をいう。自然人と法人とがある。
☐ 016 強 迫	016 民法において，害悪を告げて人に恐怖心をいだかせる行為をいう。刑法では，脅して恐怖心をいだかせることを「脅迫」と書く。

□ 017 金　　券	017 紙幣や郵便切手など，そのもの自体に価値がある証券をいう。有価証券と類似しているが，有価証券は証券と権利が分けられている点で異なる。
□ 018 元　　物	018 果実に対して，果実を生じるものをいう。例えば米や果物を生じる田畑や，利息を生じる貸付金がこれにあたる。「げんぶつ」または「がんぶつ」と読む。
□ 019 権　　利	019 他人に一定の行為を求めるなど，特定の利益を受けることができる法律上の力をいう。義務と表裏一体の関係にある。
□ 020 権利主体(者)	020 権利をもつ者をいう。自然人と法人とがある。
□ 021 権 利 能 力	021 権利主体(者)や義務主体(者)となることができる資格をいう。
□ 022 権利能力のない社団	022 法人ではないものの実際には法人と同じような組織をもって活動している社団をいう。そうした社団については法人に準じた取り扱いをするのが妥当と考えられている。同窓会・ＰＴＡ・町内会・親睦会・互助会などがこれにあたる。
□ 023 権利の濫用	023 権利の行使にあたって，特別な利益もないのに，相手方に損害を与えるためだけになされるような，正当な範囲を逸脱した権利の行使をいい，禁止されている(民法1③)。権利者の受ける利益と相手のこうむる損害とを比較したうえで，公共の福祉にあっているかどうかを基準にして決められる。
□ 024 行 為 能 力	024 ひとりで完全に有効な法律行為をすることができる資格をいう。
□ 025 公 益 法 人	025 行政庁の公益認定を受けて公益目的事業を行う法人をいう。公益社団法人と公益財団法人とがある。
□ 026 公共の福祉	026 社会全体の向上や発展などのことをいい，民法第1条では「私権は，公共の福祉に適合しなければならない」と定めている。
□ 027 公 示 催 告	027 有価証券を紛失した場合に，裁判所が不特定の利害関係者に対して一定の期間内に有価証券を提出して権利を主張するように，公告をもって催告することをいう。期間内に届け出がない場合には有価証券の無効が宣言され，これを除権判決という。
□ 028 公法上の制限	028 所有権の行使は無制限ではなく，公共の福祉に適合するように公法による制限を受けることをいう。土地基本法・都市計画法・建築基準法・国土利用計画法・道路法などがこれにあたる。

☐ 029 公 法 人	029 行政法などの公法にもとづいて成立した法人をいう。国や地方公共団体，公共組合などがある。
☐ 030 債 権	030 ある人が特定の人に対し，一定の行為を請求できる財産権をいう。例えば「貸したお金を返せ」「買ったものを引き渡せ」などがこれにあたる。債権の目的である給付には，代金の支払いやものの引き渡しのような作為と，隣地を観望しないとか，夜はピアノを弾かないというような不作為とがある。
☐ 031 債 権 者	031 債権を行使できる者をいう。
☐ 032 財 産 権	032 所有権や債権など，財産を支配し，利用できる権利を総称していう。
☐ 033 財 団 法 人	033 一定の目的のために提供された財産をもとにして設立された法人をいう。
☐ 034 債 務	034 債権に対応する義務をいう。
☐ 035 詐 害 行 為	035 債権者に損害を与えることを知りながら，債務者が自分の財産を減少させる行為をいう。
☐ 036 詐害行為取消権	036 債務者が詐害行為を行った場合に，債権者がその詐害行為の取り消しを裁判所に請求することができる権利をいう。
☐ 037 詐 欺	037 Aが所有している有名な画家の絵を，Bが「それは偽物だ」とだましてAから安く買い取るというような，他人をだます行為をいう。詐欺によってなされた意思表示は取り消すことができるが，善意で無過失の第三者に対しては主張することができない。詐欺の場合には，詐欺の被害者を保護するよりも，善意・無過失の第三者の保護が優先される。
☐ 038 作 為	038 「代金を支払うこと」「物を引き渡すこと」というような，「～をすること」をいう。
☐ 039 詐 術	039 人をだます手段のことをいう。
☐ 040 産業財産権	040 特許権・実用新案権・意匠権・商標権を総称していう。産業上の無形の利益を保護するものであり，著作権は含まれない。
☐ 041 自 然 人	041 生きている人間のことをいう。

□ 042 失踪宣告

042 行方不明になったり，生死がわからなくなったりした者を死亡した
ものとみなして，その者に関する法律関係を終わらせる制度をいう。
普通失踪の場合には７年，海難事故など特別失踪の場合には危難が
去ってから１年が経過したときに，家族などが家庭裁判所に請求し
て行う。

□ 043 実用新案権

043 物品の形・構造・組み合わせの方法による実用的な製品を考案し，
特許庁に出願して実用新案登録をすることで認められる権利をいう。
新しく工夫した栓抜きやカッターなど，必ずしも技術的に高度では
ない小発明を保護する権利で，存続の期間は，出願の日から10年
である。

□ 044 私法上の制限

044 権利の濫用禁止（民１③）や隣の土地から50cm未満の敷地には建物
を建てられないとする規定など，公共の福祉に適合するように民法
などの私法によって所有権が制限を受けることをいう。一方，土地
基本法など公法による所有権の制限を公法上の制限という。

□ 045 私 法 人

045 民法や会社法などの私法によって認められた法人をいう。社団法人
と財団法人に分類される。

□ 046 社 団 法 人

046 一定の目的のために人々が集まって設立した法人をいう。

□ 047 従 物

047 金庫と鍵のように２つの独立したものがお互いに経済的効用を補い
あっている場合に，その補われている物（金庫）を主物というのに対
し，補っている物（鍵）をいう。従物は主物の処分にしたがうので，
金庫が販売されると鍵もついていくことになる。

□ 048 受 忍 限 度

048 一般の平均的な人が，その行為を我慢できる限度をいう。

□ 049 主 物

049 金庫と鍵のように２つの独立したものがお互いに経済的効用を補い
あっている場合に，補っている物（鍵）を従物というのに対し，補わ
れている物（金庫）をいう。

□ 050 商 標

050 特定の業者が製造・販売している商品であることを示すために商品
につけるマークや，特定の業者が提供している役務だとわかるよう
なサービスマーク（標章）をいう。商標法では，「文字，図形，記号，
立体的形状若しくは色彩又はこれらの結合，音その他政令で定める
もの」と定義しており，「音」も商標に含まれる。

□ 051 商 標 権

051 商標の独占使用を認める権利で，特許庁に商標を登録することに
よって認められる。存続期間は，設定登録の日から10年で，更新
登録の申請により半永久的に使用することができる。

☐ 052 嘱　　託	052 仕事を依頼することをいう。
☐ 053 除 権 決 定	053 有価証券を喪失した場合に，公示催告を経て，期間内に不特定の利害関係者から届け出がなかったときに，裁判所が有価証券を無効にすることをいう。
☐ 054 所　有　権	054 物を自由に使用し，収益し，処分することができる権利であり，最も完全な形の物権をいう。ただし，その行使は無制限ではなく，公共の福祉に適合するように公法上の制限と私法上の制限を受ける。
☐ 055 所有権にもとづく物権的請求権	055 第三者が理由なく所有権を侵害している場合に，その第三者に対して所有権の完全な支配状態を回復する請求権をいう。所有権以外の物権も，物権である以上，権利者はその性質に応じてこの請求権を有している。
☐ 056 自 力 救 済	056 Aが自分の自転車を盗まれて，その自転車をBの家で発見した際に，勝手にAがBの家に入って自転車を持ち帰るというような，自力で救済措置をとることをいう。これを無条件に認めると社会が混乱するので，緊急やむをえない特別な事情のある場合を除いて禁止されている。裁判所に訴えて国家の助力を求めることが原則である。
☐ 057 信義誠実の原則（信義則）	057 相手の信頼を裏切らないように誠意をもって行動しなければならないという原則をいう。
☐ 058 制限行為能力者制度	058 能力が不十分な人を制限行為能力者として類型化し，その人に保護者をつけて能力の不足を補うとともに，保護者を無視して行った被保護者の行為は，本人（被保護者）も保護者も取り消しができるものとして財産の保護をはかった制度をいう。制限行為能力者には，未成年者・成年被後見人・被保佐人・被補助人の4つがある。
☐ 059 制 限 物 権	059 所有権の一部を制限する物権をいう。他人の土地を一定の目的のために使用・収益することができる用益物権と，目的物を担保に供することを目的とする担保物権とがある。
☐ 060 成年被後見人	060 精神上の障がいなどにより，意思能力を欠く状態がおおむね継続している者で，本人や家族などの請求により，家庭裁判所から後見開始の審判を受けた者をいう。成年被後見人が行った法律行為は，日用品の購入など一定の行為を除いて，本人または成年後見人によって取り消すことができる。
☐ 061 責 任 財 産	061 強制執行の対象となる債務者の一般財産をいう。

□ 062 先 願 主 義

062 他人による同じ発明が複数あり，そのいずれかに特許を与えるかを決定する場合に，先に出願した者に特許を付与するという考え方をいう。

□ 063 占 有

063 本を持っているとか，家(建物)に住んでいるというように，人が現実に物を支配している状態をいう。

□ 064 占有回収の訴え

064 占有しているという事実状態を保護するために，占有者が占有を奪われた場合に，訴えによってその物の返還を請求できることをいう。侵害のときから1年以内に限り認められる。

□ 065 占 有 権

065 占有することによって生じる権利をいう。占有という事実状態を保護し，社会の秩序を維持するために認められる。したがって，盗んだ物を占有している場合であっても認められ，本来の所有者が実力で取り戻すことはできない。

□ 066 占 有 訴 権

066 占有を奪われたときや妨害されたとき，妨害されるおそれがあるときに，物を返還させ，妨害やそのおそれを排除して，占有を維持・回復する権利をいう。

□ 067 占有保持の訴え

067 占有が妨害されたときに妨害の停止を訴える権利をいう。

□ 068 占有保全の訴え

068 占有を妨害されるおそれがあるときに妨害の予防を請求できる権利をいう。

□ 069 相隣関係規定

069 民法209条から238条にかけて定められた，土地の相互利用に関する利益の調整をはかる規定を総称していう。例えば「隣の土地から50cm未満の敷地には建物は建てられない」「地上の枝は切り取り請求しかできないが，地下の根は勝手に切り取ることができる」といったことが定められている。所有権の私法上の制限のひとつである。

□ 070 建 物

070 屋根と周壁があって，風や雨をしのげれば法律上は建物とみなされる。建物は土地の定着物であるが，土地とは別の不動産とされている。分譲マンションのように，一棟の建物の一部でも独立して利用可能な部分については所有権が成立する。

□ 071 担 保 物 権

071 物を債権の担保に提供させることを趣旨とする物権をいう。留置権・先取特権・質権・抵当権の4つがある。

□ 072 地 役 権

072 通行したり，引水したりするなど，自分の土地の利用のために他人の土地を利用できる権利をいう。

□ 073 地 上 権

073 建物・橋・池・トンネルなどの工作物や植林などのために，他人の土地を利用できる権利をいう。空中にモノレールや連絡路を敷設したり，地下に地下街や地下鉄を通したりするのに利用される。

□ 074 知的財産権

074 発明・考案・著作など，人間の知的創造活動によって生み出された無形のものが経済的利益をもたらす場合に，その利益に対する支配権をいう。このうち，特に産業上の無形の利益を保護する特許権・実用新案権・意匠権・商標権を産業財産権という。

□ 075 著 作 権

075 思想または感情を創作的に表現したものであって，文芸・学術・美術または音楽の範囲に属するもの（著作物）を創作した小説家・画家・作曲家などに与えられる権利をいう。著作者の生存中と死後70年間保護される。映画については公表後70年間保護される。

□ 076 著作者人格権

076 著作者が著作物に対して有する人格的な利益の保護を目的とする権利を総称していう。例えば，自分の著作物を公表するか否かといった決定を行う権利がある。

□ 077 著作隣接権

077 俳優などの実演家・放送事業者・レコード製作者のように，著作物を利用する者を保護する権利をいう。例えば，俳優の名前を表示するかしないかといったことを決める権利がある。

□ 078 追 認

078 取り消しができる法律行為を，そのまま有効と認めることをいい，その場合，その法律行為は有効なものと確定して，取り消すことができなくなる（民122）。

□ 079 定 款

079 社団法人や財団法人の組織や活動に関する根本原則を記載した書面をいう。

□ 080 天 然 果 実

080 乳牛からとれる牛乳や，鉱山から採取される鉱物などをいう。一方，これらを産出する乳牛や鉱山を元物という。

□ 081 動 産

081 不動産以外の物をいう。

□ 082 特 別 失 踪

082 戦争・海難事故・航空事故などが発生し，1年が経過しても生死が明らかでない場合に認められる失踪をいう。

□ 083 特 許 権

083 新しい機械装置や器具を発明した者に与えられる財産権をいう。特許権を取得するには，特許庁に出願して特許原簿に設定の登録を行わなければならない。特許権を取得すると，第三者は特許権者に無断で同じ物を製造したり販売したりすることができなくなる。存続期間は，出願の日から20年（一部25年に延長）で，この期間が経過したときは消滅する。

□ 084 任意後見契約

084 自分の判断能力が不十分になる将来に備えて，意思能力が十分なうちに後見してもらう内容と後見人(任意後見人)を決める契約をいう。契約は，公正証書で締結しなければならない。

□ 085 認定死亡

085 海中に墜落した旅客機に乗っていた人など，死亡が確実視されるが遺体が確認されなかったような場合に，取り調べにあたった役所が死亡の認定をして，戸籍上いちおう死亡したものとして扱うことをいう。

□ 086 被保佐人

086 精神上の障がいなどにより，意思能力が著しく不十分な者をいう。本人や家族などの請求により，家庭裁判所が保佐開始の審判をすると，被保佐人となり，保佐人がつけられる。被保佐人が保佐人の同意を得ないで行った，不動産の売買契約や借金の契約などの重要な法律行為などは，本人または保佐人によって取り消すことができる。

□ 087 被補助人

087 精神上の障がいなどにより，意思能力が不十分な者をいう。本人や家族などの請求により，家庭裁判所が補助開始の審判をすると，被補助人となり，補助人がつけられる。被補助人が補助人の同意を得ないで行った特定の法律行為は，本人または補助人によって取り消すことができる。

□ 088 不 作 為

088 「夜中にピアノを演奏しないこと」というような，「～をしないこと」をいう。

□ 089 普通失踪

089 事情を問わず，生死が7年間不明な場合に認められる失踪をいう。このとき家族などの利害関係者は家庭裁判所に請求して失踪宣告をしてもらい，その人を死亡したものとみなして法律関係を終わらせる。

□ 090 物 権

090 人が一定の物を直接，そして排他的に支配できる財産権をいう。他人の行為を必要としないで自分ひとりでできる直接性と，同じ物に対して同じ内容の物権は一つしか存在しないという排他性という性質をもつ。

□ 091 物権的請求権

091 物権の内容を実現するために認められる請求権をいう。例えば隣の庭の木が自分の土地に倒れそうになっているときには，隣の人に木が倒れてこないように予防措置をとるように請求できる。

□ 092 物権の直接性

092 他人の行為を必要としないですむという物権の性質をいう。例えば物を所有するといった場合，他人の行為は必要とはならない。これに対して，売買など債権の場合には，債務者の履行という他人の行為が必要となる。

☐ 093 物権の排他性	093 同じ物に対する同じ内容の物権は一つしか存在しないという性質をいう。例えば一つの物を二重に譲渡しても，所有権は一つしかない。
☐ 094 物権法定主義	094 物権の種類や内容は，すべて法律で定めるという主義をいう。これに対して債権は，契約によって自由にその内容を決めることができる。
☐ 095 不 動 産	095 土地およびその定着物をいう（民86①）。
☐ 096 返還請求権	096 Aの所有物がBに盗まれたというように，所有物の占有が奪われた場合に，占有者に対してその物の返還を求める権利をいう。
☐ 097 妨害排除請求権	097 Aの所有地にBが勝手に自動車をとめているというように，所有物の占有が侵害された場合に，侵害状態の復旧を求める権利をいう。
☐ 098 妨害予防請求権	098 隣地の庭木が自分の土地に倒れそうになっている場合に，隣地所有者に対して庭木が倒れてこないように予防措置をとることを請求する権利をいう。
☐ 099 法 人	099 自然人以外のもので，権利能力をもつものをいう。法律の定める一定の手続きをとって設立されたときに，権利能力を取得し，権利・義務の主体となることができる。
☐ 100 法人の機関	100 法人の組織のなかで，一定の地位にある自然人およびその集合体をいう。社員総会や株主総会などの意思決定機関や，理事や代表取締役などの業務執行機関などがある。
☐ 101 法 定 果 実	101 物から生じる経済的収益のうち，賃料や利息のような，物の使用の対価として受け取る金銭その他の物をいう。
☐ 102 法定後見制度	102 成年被後見人・被保佐人・被補助人の制度を総称していう。本人や家族などの請求により，家庭裁判所が適任者としてそれぞれの保護者を，成年後見人・保佐人・補助人に選任することになる。こうした保護者については，代理権や同意権の範囲などが法律で定められている。
☐ 103 法 律 関 係 （権利義務関係）	103 権利と義務が表裏一体の関係にあることをいう。
☐ 104 法 律 行 為	104 自分の意思にもとづいて権利・義務を発生させる行為をいう。
☐ 105 未 成 年 者	105 2022（令和4）年4月以降は18歳未満の人をいい，法律行為をおこなうためには原則として法定代理人の同意が必要である。

□ 106 **無記名証券**

106 有価証券のうち，証券面に債権者が記載されていないものをいい，小切手や社債券，商品券などがある。

□ 107 **無　　　効**

107 法律行為から効力が発生しないことをいう。公序良俗に反する契約や，真意でない意思表示（意思の不存在）による契約は無効であり，いつでも誰からでも無効を主張することできる（民90・119）。

□ 108 **無 体 物**

108 権利や電気・熱・光のような，空間の一部を占めない無形的なものをいう。

□ 109 **　物　**

109 民法における有体物のことをいう。ただし，電気は無体物だが物となる。

□ 110 **有 価 証 券**

110 財産権を表した証券をいう。金銭債権を表した手形・小切手・債券などがある。

□ 111 **有 体 物**

111 無体物に対する概念で，固体・液体・気体のような空間の一部を占める有形的なものをいう。

□ 112 **用 益 物 権**

112 他人の土地を一定の目的のために使用・収益することのできる物権をいう。地上権・永小作権・地役権・入会権の４つがある。

取引に関する法

□ 001 **与える債務**

001 物の引き渡しや金銭の支払いなど，相手に目的物を引き渡す債務をいう。裁判所の手を借りて，債権の内容を直接的に実現することができる。

□ 002 **遺失物拾得**

002 遺失物を拾った者がそれを警察に届け出て，警察で公告してから３か月以内に所有者が現れなかったときに，拾った者がその所有権を取得することをいう。

□ 003 **意思の不存在**

003 意思表示が真意と食い違っている場合をいう。心裡留保・虚偽表示・錯誤がある。

□ 004 **慰 謝 料**

004 精神的な損害に対する賠償金をいう。

□ 005 **委　　　任**

005 委任者が法律行為やその他の事務の処理を受任者に依頼し，受任者が自己の知識や技能によってそれを処理することを引き受ける契約をいう。無償が原則とされているが，実際には委任者が受任者に報酬を支払うという特約がつけられるのが普通である。委任状という書面が渡されることが多い。

□ 006 売り主の担保責任

006 売買契約において，売り主が目的物を完全なものと保証（担保）して代金を決めて販売する義務に反し，目的物が完全でなかった場合に，売り主が負う責任のことをいう。

□ 007 越権行為の表見代理

007 代理人が与えられた代理権の範囲をこえて外観上の代理行為を行うことをいう。例えば本人ＡがＢに30万円を借りてくる代理権を与えたが，Ｂはその範囲をこえて50万円を相手方Ｃから借りたという場合である。このとき表見代理が成立すると，ＡはＣから50万円を借り入れたことになる。

□ 008 解 除 条 件

008 条件が成就することによって契約の効力を消滅させる条件をいう。例えば「在学中は奨学金を支給するが，留年したら支給を打ち切る」という条件がこれにあたる。

□ 009 解 約 手 付

009 解除権を留保させておくための手付金をいう。不動産売買など重要な取引では，売買契約を締結したときに契約書を作成し，買い主から売り主に手付金を交付することがある。この手付金は契約の履行を保証するためのものであるが，当事者間に特約がなければ，契約を解除する権利を留保するために交付されたものと推定される。契約の履行に着手する前なら買い主は交付した手付金を放棄して契約を解除することができ，売り主は手付金の倍額を返して契約を解除することができる（民557）。

□ 010 改 良 行 為

010 管理行為の一つで，財産の性質を変えない範囲内で，その価値を増加させる行為をいう。

□ 011 確 定 期 限

011 到来する期日が確定している期限をいう。例えば「今月末」といった場合がこれにあたる。

□ 012 過失責任の原則
（過失責任主義）

012 過失がなければ責任を問われないとする原則をいう。

□ 013 為 替 手 形

013 振出人が引受人（支払人）に支払いを委託し，指図人（受取人）に対して一定の金額を支払ってもらう形式の有価証券をいう。

□ 014 簡易の引き渡し
（簡易引き渡し）

014 すでに売り主が買い主に目的物を貸しているような場合に，売り主が買い主に目的物を引き渡したという意思表示をするだけで引き渡しをしたとみなすことをいう。

□ 015 間 接 強 制

015 「なす債務」のうち，楽器の演奏など債務者以外の者は履行することができない債務について，「債務を履行しない場合には１日につきいくら支払え」と裁判所が債務者に命じて心理的圧迫を加え，間接的に履行を強制する方法をいう。

□ 016 間 接 金 融

016 金融機関が家計など資金の供給者から資金を預かり，企業など資金の需要者に対して融通することをいう。

□ 017 完全有価証券

017 権利の発生・変更・消滅について，すべて証券が必要なものをいう。約束手形や小切手がこれにあたる。

□ 018 期　　　限

018 法律行為の効力の発生や消滅が，将来必ず到来する事実にかかっている場合におけるその事実をいう。例えば「西暦2030年4月1日にお金を支払う」と約束すれば，それは期限となる。

□ 019 危 険 負 担

019 双務契約において，一方の債務が売り主にも買い主にも責任のない原因によって消滅した場合，他方の債務はどのような影響を受けるかといった問題をいう。例えばAがBに建物を売るという契約をしていたのに，隣家からの出火で建物が延焼した場合，買い主であるBは代金を支払う必要があるのかどうかといった問題である。

□ 020 危険負担における
　　　債務者主義

020 危険負担の問題が発生した場合，買い主(債権者)は反対給付の履行を拒むことができるという考え方をいう。例えば，落雷などで引き渡し前に焼失した建物の買い主(債権者)は，代金の支払いを拒むことができる。このとき，焼失した建物の損害(危険)は，売り主(債務者)が負うことになる。

□ 021 強 制 執 行
　　　(現実的履行の強制)

021 判決が出されてもなお債務者が履行しない場合に，裁判所によって強制的な履行の実現がはかられる方法をいう。直接強制・代替執行・間接強制がある。

□ 022 供　　　託

022 債務者が弁済しようとしても，債権者がその受領を拒み，または受領することができないときに，債務者が弁済の目的物を供託所に預けて債権を消滅させることをいう。

□ 023 共同不法行為

023 数人が共同の不法行為を行うことをいう。誰が特定の損害を加えたのかわからない場合には，損害全額について連帯して損害賠償責任を負う。

□ 024 強　　　迫

024 害悪を告げて人に恐怖心をいだかせる行為をいう。強迫による取り消しは，取り消し前に出現した第三者が善意・無過失であっても対抗できる点で，詐欺による取り消しと異なる。

□ 025 虚偽表示
　　　(通謀虚偽表示)

025 相手方と話しあったうえで，真意とは異なる偽りの意思表示をすることをいう。内心の意思(真意)と表示した内容が異なっているので，無効となる。ただし，善意の第三者に対しては，表意者は無効を主張することができない。

| □ 026 契　　約 | 026 当事者が合意によって取引をすることをいう。当事者の一方が申し込みの意思を表示し，相手方がそれを承諾する意思を表示して，当事者の表示した意思が合致したときに成立する。 |

□ 026 契　　約

026 当事者が合意によって取引をすることをいう。当事者の一方が申し込みの意思を表示し，相手方がそれを承諾する意思を表示して，当事者の表示した意思が合致したときに成立する。

□ 027 契約自由の原則

027 どのような内容の契約をむすぶかは当事者の自由とする原則をいう。

□ 028 契約(内容)不適合責任

028 売買において引き渡された目的物が種類，品質または数量に関して契約の内容に適合しないときに，売り主が負う責任をいう。このとき，買い主は売り主に対して，「契約どおりにしてください」と請求できる。これを履行の追完請求という。

□ 029 検索の抗弁権

029 保証人が債権者に対して，主たる債務者に弁済をする資力があり，かつ執行が容易であることを証明して，先に主たる債務者の財産に執行すべきことを主張することができる権利をいう。ただし，連帯保証の場合には認められない。

□ 030 現実の引き渡し

030 売り主が実際に買い主に目的物を引き渡すことをいう。物を文字通り普通に引き渡すことであり，日常生活でもひんぱんにみられる引き渡しの方法である。

□ 031 顕名主義

031 代理権を本人Aから与えられた代理人Bは，契約を締結するにあたりBがAの代理人であると示す必要があることをいう。

□ 032 権利移転義務

032 他人の権利を売買の目的としたときに，その権利を取得して買い主に移転しなければならない義務のことをいう。

□ 033 更　　改

033 当事者が合意によって一つの債務を消滅させ，代わりに別の債務を成立させることをいう。

□ 034 交　　換

034 当事者が互いに金銭以外の財産権を移転することを約束して成立する契約をいう。諾成・双務・有償契約の典型である。

□ 035 工作物責任

035 建物や塀などのような土地の工作物の設置または保存に瑕疵があって，他人に損害を与えた場合には，その工作物の占有者が損害賠償責任を負い，占有者が損害の発生を防止するのに必要な注意をしていた場合には，所有者が損害賠償責任を負うことをいう。

□ 036 公　　示

036 権利者であることを広く一般の人々に知らせることをいう。不動産に関しては，登記の制度が設けられている。

□ 037 公示の原則

037 所有権の変動など物権が変動するときに公示を要求する原則をいう。

□ 038 公信の原則

038 公示を信頼して取引をした者は，公示が真実に反していたときも保護すべきであり，その権利の取得を認めるべきだという考え方をいう。ただし，不動産登記について，日本ではこの原則は認められていない。

□ 039 混　　同

039 債権と債務が同一の人に帰属した場合をいい，この場合，その債権と債務は消滅する。

□ 040 債　　権

040 債権者が債務者に対して一定の行為を請求できる権利をいう。例えば「貸したお金を返せ」とか「買った物を引き渡せ」といった権利がこれにあたる。

□ 041 債権者平等の原則

041 債務者が債務を履行しないため，債権者が債務者の一般財産に強制執行して債権の満足を得ようとするとき，1人の債務者に対して債権者が何人もいる場合に，それぞれの債権者が債務者の財産に対して平等の権利をもち，特定の債権者が優先的に権利を行使することはできないという原則をいう。

□ 042 債 権 譲 渡

042 債権を譲渡することをいう。当事者が債権の譲渡を禁止し，または制限する特約をしたときであっても，債権の譲渡は可能である。

□ 043 債権の担保制度

043 債権者が債権を取得するにあたって，確実に債権の目的が実現され，損害が生じないように保証する制度をいう。物的担保と人的担保とがある。

□ 044 催告の抗弁権

044 保証人は主たる債務者が債務を履行しないときにはじめて履行する責任を負うため，債権者が主たる債務者に履行請求しないでいきなり保証人に請求してきた場合に，保証人が債権者に対して，まず主たる債務者に請求せよということができる権利をいう。

□ 045 債　　務

045 契約内容を実行する義務をいう。

□ 046 債務不履行

046 契約が締結されたにもかかわらず，債務者が債務を完全に履行しないことをいう。

□ 047 詐　　欺

047 他人をだます行為をいう。

□ 048 先 取 特 権

048 公平などの見地から，特定の種類の債権者に，法律が優先して弁済を受ける権利を与えているものをいう。

□ 049 錯　　誤

049 思い違いから真意と違う意思表示をしてしまい，表意者がそれに気づかなかった場合をいう。例えば思い違いから，契約書に売買の目的物を商品Aと書くつもりで，商品Bと書いてしまった場合がこれにあたる。

□ 050 指図による占有移転

050 目的物が第三者に預けられている場合に，売り主がその第三者に対して今後は買い主のために保管するように依頼し，買い主もそれを承諾すると，目的物の引き渡しがあったものと認められることをいう。

□ 051 敷　　　金

051 賃借人が賃貸人に対して負担する未払いの家賃や窓の修理代など一切の債務を担保する金銭のことをいう。

□ 052 事業用借地権
（事業用定期借地権）

052 事業の用に供する建物の所有を目的とする定期借地権をいう。存続期間は10年以上50年未満である。

□ 053 時 効 制 度

053 ある事実状態が一定期間継続した場合に，その事実状態を法律上の権利関係として認める制度をいう。

□ 054 時効の援用

054 利益を受ける当事者が，「時効の利益を受けたい」と主張することをいう。

□ 055 時効の完成猶予

055 時効の完成間近に，権利行使が不可能または著しく困難な事情があるときに，一定期間にわたり時効の完成が猶予されることをいう。

□ 056 時効の更新

056 時効はある事実状態が一定期間にわたり継続することを必要とするから，継続を妨げるような事情がある場合には，そのときからあらためて時効の期間を計算することをいう。

□ 057 自 己 契 約

057 自分自身が当事者となる契約について，取引の相手方の代理人になることをいい，原則として禁止されている。例えば土地の売却についてBがAから代理権を授与され，B自身がその土地の買い主になるような場合がこれにあたる。

□ 058 質　　　権

058 債務者または第三者が，質権の担保として債権者に引き渡した物（質物）を，債権者が債務の弁済があるまで占有し，弁済期がきても弁済されない場合には，質物を競売にかけ，その代金から優先弁済を受けることができる権利をいう。例えば，Aから100万円を借りるため，Bが自己所有のダイヤの指輪を担保としてAに引き渡すというような場合がこれにあたる。

□ 059 事 務 管 理

059 法律上の義務がないのに，他人のためにその利益になるような行為をすることをいう。例えば，隣家の人たちが旅行にでかけて留守中に，暴風雨でその家の窓ガラスが割れたので，頼まれていたわけではないが修繕しておいたというような場合がある。

□ 060 借 地 権

060 建物の所有を目的とする地上権または土地の賃借権をいう。

☐ 061 借 家 権	061 建物の賃借権のことをいい，登記をしていなくても，建物の引き渡しがあれば対抗力が認められる(借地借家法31)。
☐ 062 重 過 失	062 重大な過失をいう。
☐ 063 出資取締法 （出資法）	063 貸金業者などを規制することを主な目的とした法律をいう。2010（平成22）年の法改正により，上限金利が20％に引き下げられ，グレーゾーン金利は撤廃された。正式名称は「出資の受入れ，預り金及び金利等の取締りに関する法律」である。
☐ 064 取 得 時 効	064 一定の期間にわたり継続して権利を事実上行使する者に，その権利を取得させる制度をいう。例えば善意・無過失の場合には10年，そうでない場合には20年で物に対する所有権を取得できる。
☐ 065 条 件	065 「A社に就職できたら腕時計を買ってやろう」というように，契約の効力の発生が将来の不確定な事実にかかっている場合に，「A社に就職」という不確定な事実をいう。これが「今月末に腕時計を買ってやろう」というように，将来必ず到来する事実にかかっている場合には，期限という。
☐ 066 使用者責任	066 事業のために他人を使用する者は，被用者が事業の執行について第三者に加えた損害を負わなければならないことをいう。
☐ 067 使 用 貸 借	067 友人から無償で自転車を借りたり，子が親から無償で住宅を借りて住んだりしている場合のように，消費されない物を無償で貸借することをいう。
☐ 068 承 諾	068 申し込みに対する了解の意思表示をいう。
☐ 069 譲 渡 担 保	069 債務者が目的物の所有権を担保として債権者に移し，目的物を債権者から借りてそのまま使用するという方法をいう。債務者は債権者に賃料を支払うが，これは事実上利息の支払いに相当し，弁済期に債務を弁済すれば目的物の所有権は債務者に戻される。
☐ 070 消 費 貸 借	070 借りたものを消費し，後で同種・同等・同量の物を返す契約をいう。金銭の貸借がその典型である。
☐ 071 消 滅 時 効	071 権利を一定期間にわたり行使しないでいると，その権利を消滅させる制度をいう。
☐ 072 初日不算入の原則	072 日・週・月・年で期間を定めた場合には，別の規定や約束がない限り，その定めをした当日は算入せず翌日から起算するという原則をいう。

☐ 073 所有権留保	073 商品売買の際に，買い主が代金の全額を支払うまでその商品の所有権を売り主に留保することで，代金債権を担保する方法をいう。割賦販売でよく用いられている。
☐ 074 真　意	074 内心の意思のことをいう。
☐ 075 人的担保	075 債務者以外の別の人の資力や信用を担保とすることをいう。
☐ 076 心裡留保	076 表示した意思が真意でないことを表意者自身が知りながら行った意思表示をいう。冗談のつもりで，持っている時価1万円相当のものを，「君に1,000円で売ろう」と言った場合などが相当する。心裡留保は原則として有効であるが，相手方が表意者の真意でないことを知っていたときや，普通の注意をすればわかるときには無効とされる。
☐ 077 製造物責任	077 製造物の欠陥によって，人の生命，身体または財産に被害が生じた場合に，その製造物を製造，加工または輸入した業者は，損害賠償責任を負うことをいう。
☐ 078 責任能力	078 自分の行為から生じる責任を判断する能力をいう。
☐ 079 善　意	079 特定の事柄を知らないことをいう。
☐ 080 善意取得（即時取得）	080 Aの動産を占有しているBに所有権があると信じ（善意），そのことについて過失がない（無過失）場合には，CはBから引き渡しを受けたときに，ただちにその動産の所有権を取得できることをいう（民192）。これは占有という外形を信じて取引した者を保護して権利の取得を認める公信の原則のあらわれである。
☐ 081 占有改定	081 売り主が目的物をそのまま借りておくような場合に，売り主が今後は買い主のために占有するという意思表示をするだけで引き渡しがあったとみなすことをいう（民183）。例えば家具店で大型家具を購入し，後で車で取りに来るといった場合が相当する。このとき売り主である家具店が「もうお客様に販売したので，後でまたいらっしゃるまでお客様のために占有しています」と意思表示をすれば，占有が移転したことになる。
☐ 082 相　殺	082 ふたりが互いに弁済期にある同種の債務を負っている場合に，相互の債務の対当額を，当事者の一方の意思表示で消滅させることをいう。
☐ 083 造作買取請求権	083 借家契約において，借家人が家主の同意を得て建物に付加した建具・エアコンなどの造作を家主に時価で買い取るように請求することができる権利をいう。

□ 084 相対的効力の原則

084 連帯債務者の1人と債権者との間に生じた事由は，原則として他の連帯債務者に対しては，その効力を生じないとする原則をいう。2020（令和2）年に施行された改正民法では，連帯債務におけるこの効力が強化されている。

□ 085 双方代理

085 Xの代理人Yが，取引の相手方Zの代理人も兼ねることをいい，原則として禁止されている（民108）。

□ 086 双務契約

086 売買契約のように両当事者が互いに相対する債務を負う契約をいう。

□ 087 贈　　与

087 当事者の一方がある財産を無償で相手方に与える意思を表示し，相手方がこれを受諾することによって成立する契約をいう。諾成・片務・無償契約の典型である。

□ 088 対価関係

088 他人に物を与えたり，労力を提供したりして報酬を得る関係をいう。

□ 089 代金減額請求

089 契約内容不適合が買い主の責めに帰すべき事由ではないときに，売り主の履行の追完が相当期間なかった場合，買い主はその不適合の程度に応じて代金の減額を請求できることをいう。

□ 090 対抗要件

090 すでに当事者間で成立した法律関係や権利の変動などを当事者以外の第三者に主張（対抗）するための法律要件をいう。例えば不動産の所有権を取得した場合には，登記が不動産物権変動の対抗要件となる。

□ 091 代替執行

091 「なす債務」は直接強制するわけにはいかないので，第三者が債務者の代わりに行っても債権の目的を達することができる場合に，債権者が裁判所に請求して，債務者に費用を出させて，その行為を第三者に行わせることをいう。例えば塀の撤去を求める判決が出ているにもかかわらず，債務者が必要な工事を行わない場合には，債権者は裁判所に請求して撤去工事を行わせ，その費用は債務者に請求することになる。

□ 092 代物弁済

092 債権者と債務者が合意すれば，借金の弁済の代わりに一定の物を引き渡して債務を消滅させることもできることをいう。

□ 093 代　　理

093 同時に離れた場所にいる異なる相手方と契約をむすびたい場合や，契約交渉に不安がある場合などに，本人に代わってほかの者が契約を締結することを認める制度をいう。このとき本人が代理人に与える権利を代理権という。

□ 094 代理権授与表示による 表見代理	094 本人が相手方に代理権を与えたと表示し，代理人が外観上の代理行為を行ったが，実際には代理権が与えられていなかった場合をいう。このとき相手方の信頼を保護して，本人と相手方との間には有効な代理があったのと同じ効果が認められる。
□ 095 代理権消滅後の 表見代理	095 代理権が消滅したにもかかわらず，あいかわらず代理人であるようによそおって外観上の代理行為を行った場合をいう。表見代理が成立すれば，相手方の信頼を保護して，本人との間に有効な代理があったのと同じ効果が認められる。
□ 096 代理行為	096 代理人の代理権にもとづく行為をいう。
□ 097 諾成契約	097 当事者の意思表示が合致するだけで成立する契約をいう。
□ 098 建物買取請求権	098 正当の事由が認められ，借地契約が更新されない場合に，借地人が地主に借地上の建物を買い取るように請求することができる権利をいう。
□ 099 建物譲渡特約付借地権	099 存続期間の延長がない定期借地権の一つで，借地権の存続期間を30年以上に設定し，契約が満了した時点で借地上の建物を地主が買い取るという借地権をいう。
□ 100 建物登記簿	100 建物に関する不動産登記簿のことで，一戸の建物につき一用紙が用意されている。登記用紙には表題部・甲区・乙区があり，表題部にはどこにどのような建物があるかといった事項，甲区には所有権に関する事項，乙区には所有権以外の権利に関する事項が記載される。
□ 101 遅延賠償	101 履行が遅れたことによる損害の賠償をいい，債権者は債務者に請求することができる。
□ 102 直接強制	102 物の引き渡しや金銭の支払いなどの与える債務について，裁判所の手を借りて，債権の内容を直接的に実現することをいう。
□ 103 直接金融	103 資金の供給者が，社債や株式を購入するという形で，企業などへ直接に資金を融通することをいう。
□ 104 賃貸借	104 当事者の一方(貸し主)が相手方(借り主)に目的物を使用・収益させることを約束し，相手方(借り主)が賃料を支払うことと契約終了時に目的物を返還することを約束することによって成立する契約をいう。諾成契約であり，双務・有償契約である点で使用貸借とは異なる。
□ 105 追完請求	105 契約内容不適合の場合に，買い主が売り主に対して相当の期間を定めたうえで，目的物の修繕や代わりの商品の引き渡し，不足している数量分の引き渡しなどを請求することをいう。

□ 106 定期借地権

106 契約の更新や建物の築造による存続期間の延長がなく，建物の買取請求もしないことを書面で特約する借地権をいう。存続期間は50年以上とされている。

□ 107 定期借家権

107 期間満了によって確定的に借家関係が終了する借家権をいう。

□ 108 停止条件

108 将来の不確定な事実が成就するまで契約の効力を停止させる条件をいう。

□ 109 抵当権

109 債務者または第三者が，不動産を占有したままで債権の担保として提供し，債務者が弁済期に弁済しないときは，債権者がその不動産を売却して，その代金からほかの債権者に優先して弁済を受けることができる権利をいう。

□ 110 抵当権の実行

110 抵当権をもつ債権者が，債務者が債務を弁済しないときに，裁判所に抵当不動産の競売を請求し，競売代金から優先弁済を受けることをいう。

□ 111 典型契約

111 民法に定められている13種類の代表的な契約をいう。

□ 112 電子記録債権法

112 コストやリスクを削減するために，電子記録債権にまつわる種々の規定を定めた法律をいう。

□ 113 転貸

113 いわゆる「また貸し」のことをいう。

□ 114 添付

114 付合・混和・加工を総称していう。友人から借りているイスに自分のペンキを塗ったというように，所有者の異なる数個の物が結合して分離が難しくなることを付合という。付合の場合には，主たる物の所有者が全体の所有権を取得する。また，所有者が異なる2種類の米が混ざり合ったような場合を混和といい，混和の場合も主たる物の所有者が全体の所有権を取得する。いずれの場合にも，所有権を失った者は償金を請求することができる。また，他人が所有している材料を加工した製作物が，材料価格より著しく高額である場合には，加工者が製作物の所有権を取得するが，材料の所有者には償金を支払わなければならない。これを加工という。

□ 115 塡補賠償

115 債務者の責めに帰すべき事由による履行不能の場合に，債務の履行に代わる損害賠償のことをいう。

□ 116 同時履行の抗弁権

116 売買のような双務契約においては，当事者の一方だけが先に債務を履行しなければならないものとすると，不公平な結果を生じることになるため，双務契約の当事者の一方は，相手方が債務を履行する用意をしないうちは，自分の債務の履行を拒むことができるという権利をいう（民533本文）。

□ 117 到 達 主 義

117 意思表示は相手方に伝わってこそ意味のあるものであり，伝わるのに時間がかかる人（隔地者）に対しては配慮が必要であるため，原則として意思表示が相手方に到達したときに効力が生じるという考え方をいう。

□ 118 特 定 物

118 「この家」「この作品」というように，当事者がその物の個性に着目して取引の目的物としたものをいう。

□ 119 土地登記簿

119 土地に関する不動産登記簿のことで，一筆の土地ごとに一用紙が用意されている。登記用紙には表題部・甲区・乙区があり，表題部にはどこにどのような不動産が存在するのかが表示され，甲区には所有権に関する事項，乙区には所有権以外の権利に関する事項が記載される。

□ 120 な す 債 務

120 債務者が一定の行為をすることが債権の目的となっている債務をいう。

□ 121 任 意 代 理

121 本人が自らの意思で代理人に代理権を与えることをいう。これに対して法律の規定によって代理人とその権限の範囲が定められていることを法定代理という。

□ 122 任意的記載事項

122 定款や手形などに任意に記載すればその効力が認められる事項をいう。

□ 123 根 担 保

123 将来発生することが予想される不特定の債権の弁済を確保するために，あらかじめ設定される担保をいう。根抵当権・根質・根保証などの種類がある。

□ 124 根 抵 当 権

124 一定の範囲内の不特定の債権を極度額の範囲内において担保するために，不動産に設定された担保物権をいう。不特定の債権を担保するため，付従性が緩和されている。例えば銀行と取引先との当座貸越契約で設定される。

□ 125 根 保 証

125 継続的な取引関係から生じる不特定の債務を担保するために保証人を立てることをいう。

□ 126 売 買

126 当事者の一方（売り主）が一定の財産権を相手方に移転することを約束し，相手方（買い主）が代金を支払うことを約束することによって成立する契約をいう。諾成・双務・有償契約の典型である。

□ 127 非典型契約

127 民法に定められている13種類の代表的な契約（典型契約）以外の契約をいう。民法に定めがないので，旅行契約や宿泊契約など広く一般に利用される。

□ 128 **表 見 代 理**　128 代理において，本人と無権代理人との間に特別な関係があるため，相手方が無権代理人を正当な代理人と信じてもやむを得ない事情がある場合には，相手方の信頼を保護して，本人との間に有効な代理があったのと同じ効果が認められることをいう。

□ 129 **不確定期限**　129 到来時期が不確定な期限をいう。例えば「自分が死んだら」という期限は，将来必ず到来する事実であるが，到来時期が不確定であるためこれにあたる。

□ 130 **不完全履行**　130 履行はなされたが，債務者の責めに帰すべき事由(故意・過失)によって，債務の内容にそわない不完全な点がある場合をいう。

□ 131 **付 合 契 約**　131 事業者があらかじめ決めておいた一定の契約内容(定型約款または約款)にしたがってむすばれる契約をいう。水道・電気・ガスの供給事業や，鉄道やバスの運送事業，保険や預金などの金融事業では，多数の利用者との間で同じ内容の契約を迅速にむすぶ必要があるため，この契約がむすばれる。

□ 132 **普通借家権**　132 定期借家権に対して，かねてから民法に定められている借家権をいう。

	普通借家権	定期借家権
契約期間	原則として１年以上。１年未満の普通借家権は期間の定めがないものとみなされる。	契約期間が終了した時点で確定的に契約が終了。契約期間は自由に設定できる。
借家人からの中途解約	期間の定めがない場合は，借家人はいつでも解約の申し入れをすることができ，申し入れ後３か月が経過したときに借家関係が終了する。期間の定めがある場合には，特約がない限り，借家人から一方的に解約することはできず，残存期間の家賃を支払わなければならない。	特約がない場合でも，一定の条件のもとに，借家人が解約の申し入れをした日から１か月を経過したときに終了する。

□ 133 **物上保証人**　133 自分の財産を他人の債務の担保のために提供した者をいう。例えばAがBから100万円を借りて，その債務を担保するため第三者Cが所有している資産を提供した場合，その第三者Cがこれにあたる。

□ 134 **物 的 担 保**　134 一定の財産価値をもつ物を債権の担保とすることをいう。例えば土地に抵当権を設定しておけば，債務者が債務を履行しない場合，債権者はその土地を競売にかけて競売代金から優先的に自分の債権を回収することができる。

□ 135 **不動産賃借権の物権化**　135 不動産の賃借権が債権でありながら，物権と同様の対抗力を与えられている傾向のこと。

□ 136 不動産登記簿

136 不動産の物理的な状態や権利関係を公示するために用いられる登記簿をいう。土地登記簿と建物登記簿の2種類がある。

□ 137 不当利得

137 法律上の原因がないにもかかわらず，他人に損失を与えて利益を得ることをいう。

□ 138 不特定物

138 「ジュース1本」などのように，その物の種類に着目して取引の目的物としたものをいう。

□ 139 不法原因給付

139 不法な原因によって給付されたもので，例えば賭けに負けて支払った金銭などをいう。

□ 140 片務契約

140 贈与契約などのように，当事者の一方だけが債務を負う契約をいう。

□ 141 法定代理

141 本人の意思とは関係なく，法律の定めによって代理権が与えられる制度をいう。誰が代理人になるか，代理権の範囲は法律で決まっており，未成年者の場合には親権者が法定代理人となる。

□ 142 法定利率

142 法律によって定められている利率をいう。契約の当事者が利率を定めなかった場合，この利率にもとづいて利息を支払うことになる。ただし，昨今の低金利をかんがみて，法定利率を下げると同時に3年ごとに法定利率を変動させる変動制が導入されている。

□ 143 保証債務

143 債務者が債務を履行しない場合に，第三者が債務者に代わって債務を履行する義務をいう。

□ 144 保証債務の随伴性

144 主たる債務者に対する債権が譲渡されると，保証人に対する債権もこれにともなって移転するという性質をいう。

□ 145 保証債務の付従性

145 保証債務は，主たる債務を担保するためのものであるから，主たる債務より重い内容であってはならず，また，主たる債務が無効や取消などの原因によって成立しないときには保証債務も成立せず，主たる債務が弁済によって消滅すれば保証債務も消滅するという性質をいう。

□ 146 保証債務の補充性

146 保証人は，主たる債務者が債務を履行しない場合に，はじめて履行する責任を負うという性質をいう。例えば保証人には，催告の抗弁権（いきなり保証人が請求された場合にはまず主たる債務者に請求せよと言える抗弁権）と検索の抗弁権（一定の条件のもとに主たる債務者の財産を強制執行した後でなければ，保証人に対して履行を請求することができないとする抗弁権）が認められる。

☐ 147 保 存 行 為	147 建物の修繕など，財産の価値を現在の状態に維持するための行為をいう。
☐ 148 埋蔵物発見	148 建築の基礎工事をしていたところ地中から小判が出てきたというような場合に，公告してから6か月以内に所有者が現れなかったときは，発見者が所有権を取得することをいう。ただし，埋蔵物が他人の土地や建物のなかで発見されたときは，土地・建物の所有者と発見者とが半分ずつの割合で所有権を取得する。
☐ 149 無 権 代 理	149 例えばBが本人Aの代理人と偽ってAの所有地を相手方Cに売る契約をした場合のように，まったく代理権のない者が代理人と偽って契約した場合をいう。本人Aが追認しない限り，本人Aに対しては効力を生じないので，相手方Cは無権代理人Bの責任を追及するほかない。
☐ 150 無主物の帰属 （無主物先占）	150 野生の鳥や魚を捕獲した場合や，他人が捨てた物を拾った場合など，所有権のない動産を占有した者が，その所有権を取得することをいう。
☐ 151 無 償 契 約	151 贈与などのように，一方だけが対価を支払わずに利益を得る契約をいう。
☐ 152 免 除	152 債権者が債務者に対して，一方的に無償で債権を消滅させる意思を表示することをいう。
☐ 153 申 し 込 み	153 相手がそれを受け入れるという承諾の意思表示があれば，契約を成立させるという意思表示をいう。例えばAが「その土地を売ってくれ」と言い，相手方Bが「土地を売ります」と言った場合，Aの「その土地を売ってくれ」がこれにあたる。
☐ 154 約 定 利 率	154 金銭の消費貸借において，当事者で決めた利率のことをいう。
☐ 155 約 款 （定型約款）	155 事業者があらかじめ決めていた契約内容をいう。水道・電気・ガスの供給事業や，鉄道やバスでの運送事業，保険や預金などの金融事業では，多数の利用者との間で同じ内容の契約を迅速にむすぶ必要があるため，事業者があらかじめ決めておいた一定の契約内容にしたがって，契約がむすばれる。この契約を付合契約という。
☐ 156 有 償 契 約	156 経済的に対価関係に立つ利益が授受される契約をいう。
☐ 157 要 素	157 目的物や相手方など，契約のなかでも重要な部分をいう。
☐ 158 要素の錯誤	158 錯誤が目的物や相手方など契約のなかでも重要な部分（要素）に関するものであるときをいう。

□ 159 要 物 契 約	159 意思表示が合致するだけでなく，物の引き渡しがあってはじめて成立する契約をいう。例えば書面によらない消費貸借がこれにあたる。
□ 160 履 行 遅 滞	160 債務者が履行しようと思えば履行できるにもかかわらず，債務の履行期がきても履行しない場合をいう。
□ 161 履 行 不 能	161 契約その他の債務の発生原因や取引上の社会通念に照らして，債務の履行が不能なことをいう。たとえば手作りの芸術的な作品の売買契約がなされたが，売り主の倉庫が焼失して債務の履行ができなくなった場合である。
□ 162 利息制限法	162 金銭消費貸借における利息の最高利率を規制している法律をいう。金銭の消費貸借において，約定利率によると経済的に弱い立場にある借り手が高利をおしつけられるおそれがあるため，規制を設けるという趣旨の特別法である。
□ 163 利息付消費貸借 （利付消費貸借）	163 利息を支払う特約がある消費貸借をいう。原則としては要物契約だが，書面でする場合には諾成契約となる。
□ 164 流 質 契 約	164 債務者が弁済期に債務の弁済をしないときは，質物を質権者の所有にするという契約をいう。民法では債務者を保護するために禁止している。
□ 165 留 置 権	165 他人の物を占有している者が，その物に関して生じた債権の弁済を受けるまで，その物を債務者に引き渡さないで，自分の手もとにとどめておくことができる権利をいう。
□ 166 利 用 行 為	166 財産の性質を変えずに，利用したり収益したりする行為をいう。建物を賃貸するなどの行為がこれにあたる。
□ 167 礼 金	167 借家人から家主に対して支払われる金銭のうち，家主が借家人に対して借家権を認めたことの対価として支払われるものをいい，契約終了後も返還されない。
□ 168 連 帯 債 務	168 A・B・C3人のいずれもが債務全額について弁済の義務を負うという合意をし，それぞれが全額の支払い債務を負う債務のことをいう。例えばA・B・Cの3人が共同経営している事業について金銭を借り入れる場合などに用いられることが多い。
□ 169 連 帯 保 証	169 保証人が，主たる債務者と連帯して債務を負担することをいう。このとき連帯保証人は，催告の抗弁権や検索の抗弁権をもたず，債権者は，主たる債務者と連帯保証人のいずれに対しても，同じように履行を請求することができる。

□ 001 **悪意の抗弁**

001 特定の所持人にのみ主張できる人的抗弁が付着していることを知っている悪意の取得者は，手形を取得しても保護されず，人的抗弁が切断されないことをいう。

□ 002 **一株一議決権の原則**

002 株主は，株主総会において，その有する株式一株につき一個の議決権を有するという原則をいう。

□ 003 **一覧後定期払い**

003 手形を呈示した日から，手形に記載された期間を経過した日を満期日として支払いをするものをいう。

□ 004 **一 覧 払 い**

004 支払いのための呈示があった日を満期とするものをいう。

□ 005 **一般線引小切手**

005 ２本の平行線のみか２本の平行線内に「銀行」や「銀行渡り」と記載した小切手をいう。支払人たる銀行は，他の銀行または自己の取引先にのみ支払うことができる。

□ 006 **裏　　　書**

006 手形上の権利を譲渡するため，原則として手形の裏面に所定の事項を記載して署名することをいう。

□ 007 **裏書の権利移転的効力**

007 裏書によって，手形上のいっさいの権利が被裏書人に移転するという効力をいう。

□ 008 **裏書の資格授与的効力**

008 手形の占有者が裏書の連続によってその権利を証明するときは，適法な所持人と推定されるという効力である。

□ 009 **裏書の担保的効力**

009 裏書人は，裏書によって，被裏書人およびその後の手形権利者全員に対して，支払いを担保する責任を負うという効力である。

□ 010 **裏書の連続**

010 手形の券面上，最初の受取人から最終の被裏書人まで裏書が連続していることをいう。裏書の連続のある手形所持人に支払った振出人は，たとえその所持人が無権利者であった場合でも，そのことにつき善意・無重過失であれば免責され，真実の権利者に支払う必要がない。

□ 011 **会計監査人**

011 株主総会の普通決議で選任された会計監査を行う公認会計士または監査法人をいう。

□ 012 **会 計 参 与**

012 いかなる株式会社でも定款の定めにより任意に設置できる機関で，公認会計士・監査法人か税理士・税理士法人のみが就任できる。計算書類等を取締役・執行役と共同して作成することを主要な任務としている。

□ 013 会 社 分 割 　013 1つの会社を2つ以上の会社に分けることをいう。吸収分割と新設分割とがある。

□ 014 確定日払い 　014 特定の日を満期とする手形をいう。

□ 015 株券発行会社 　015 会社法では原則として株券を発行しないことが定められているが，定款で特に株券を発行する旨を定めた株式会社をいう。原則として株券発行会社は，株式発行日以後遅滞なく，株券を発行しなければならない。

□ 016 株　　　式 　016 株式会社において細分化された割合的単位をとる株主の地位をいう。

□ 017 株 式 移 転 　017 発行済株式の全部を新たに設立する株式会社に取得させることをいう。これによって，完全親子会社関係が発生するが，株式会社の財産には変動はなく，株主のみが変動する。

□ 018 株 式 会 社 　018 ①株主の有限責任，②株式譲渡の自由，③所有(資本)と経営の分離の3つを特色とする会社をいう。

□ 019 株 式 交 換 　019 発行済株式の全部を既存のほかの株式会社または合同会社に取得させることをいう。これによって，完全親子会社関係が発生するが，株式会社の財産に変動はなく，株主のみが変動する。

□ 020 株式譲渡自由の原則 　020 株主がその有する株式について自由に譲渡できるという原則をいう。株式会社には資本充実の原則と資本維持の原則とがあり，出資金の払い戻しは許されないことから，投下資本の回収の手段として認められた。

□ 021 株　　　主 　021 株式会社の出資者(社員)をいう。

□ 022 株 主 総 会 　022 株主の総意によって株式会社の基本的事項に関する意思決定を行う機関をいう。定時株主総会と臨時株主総会とがある。

□ 023 株主代表訴訟 　023 会社および株主の利益を保護するために，会社のために株主が会社の権利を行使して，取締役等の責任を追及する訴えを提起することをいう。

□ 024 株主平等の原則 　024 株式には均一性があり，1人で複数の株式を保有する者は，その株式数に応じて平等の取り扱いを受けるという原則をいう。

□ 025 株 主 名 簿 　025 ①株主の氏名または名称および住所，②株主の有する株式の数，③株主が株式を取得した日などを記載した名簿で，株式会社はこれを作成しなければならない。

□ 026 株主有限責任の原則	026 株主は，会社の債務につき会社債権者に対して出資額を超えて責任を負わないとする原則をいう。
□ 027 監査委員会	027 指名委員会等設置会社において，執行役などの職務の執行の監査を行う委員会をいう。
□ 028 監 査 役	028 取締役の職務執行を監査する機関をいう。
□ 029 監 査 役 会	029 監査役3人以上かつ半数以上が社外監査役で構成され，監査報告の作成などを行う機関をいう。少なくとも1人は常勤の監査役でなければならない。
□ 030 議案提出権	030 株主が，株主総会において，株主総会の目的である事項について議案を提出することができる権利をいう。
□ 031 機 関	031 組織上一定の地位にある自然人およびその集合体をいう。
□ 032 企 業 買 収 (M&A)	032 ある特定の会社の事業を買い取ることをいう。
□ 033 議題提案権	033 株主が，取締役に対し，一定の事項を株主総会の目的とすることを請求できる権利をいう。
□ 034 基 本 手 形	034 振出人が必要な要件を備えた手形を作成し，受取人に振り出した手形をいう。一般に，一般社団法人全国銀行協会が作成した統一手形用紙を用いて作成されている。
□ 035 吸 収 合 併	035 1つの会社が存続してほかの会社は消滅し，消滅会社のすべての権利義務を存続会社が承継する合併をいう。
□ 036 吸 収 分 割	036 分割会社が，その事業に関して有する権利義務の全部または一部を，既存の会社に承継させる会社分割をいう。
□ 037 共 益 権	037 会社の経営に参加することを目的とする権利をいう。例えば，株主総会における議決権などがある。これに対して，会社から経済的な利益を受けることを目的とする権利を自益権という。自益権には，剰余金配当請求権や残余財産分配請求権などがある。
□ 038 競業避止義務	038 取締役が自己または第三者の利益のために，会社の事業の部類に属する取引をすることを，会社の利益をそこなう可能性が高いとして禁止していることをいう。取締役がそのような取引を行う場合には，その取引について重要な事実を開示して取締役会の事前の承認を得なければならないとされている。

□ 039 公開会社	039 少なくとも一種類の株式については定款に譲渡制限を定めていない株式会社をいう。
□ 040 合資会社	040 会社の債務について，債権者に対して直接連帯して無限責任を負う社員(出資者)と，出資額を限度とする有限責任を負うに過ぎない社員(出資者)とで構成される会社をいう。
□ 041 合同会社	041 会社法で創設された新しい種類の会社で，会社に対して出資額を限度とする有限責任を負う社員(出資者)で構成される会社をいう。
□ 042 合名会社	042 社員(出資者)が債権者に対して直接連帯して無限責任を負う会社をいう。無限責任社員が1人だけという1人会社も認められる。
□ 043 子会社	043 株主総会などの意思決定機関を親会社に支配されている会社をいう。
□ 044 先日付小切手	044 振出日を実際の日付よりも後の日付にして振り出す小切手をいう。
□ 045 指図証券	045 特定の人または特定の人から指名された人(指図人)を権利者とする有価証券をいう。手形や小切手などがこれにあたる。
□ 046 自益権	046 会社から経済的な利益を受けることを目的とする権利をいう。剰余金配当請求権や残余財産分配請求権などがある。
□ 047 事業譲渡	047 会社が事業を譲渡することをいう。重要な財産の処分であるから，取締役会設置会社では取締役会の決議が必要とされ，株主総会の特別決議による承認を得なければならない。
□ 048 執行役	048 指名委員会等設置会社において，取締役会の意思決定にもとづいて業務執行を担当する役員をいう。取締役会の決議で選任され，その任期は1年である。取締役が兼任することもできる。
□ 049 支払いのための呈示	049 約束手形の所持人が振出人から支払いを受けるために，振出人に手形を呈示して支払いを請求することをいう。
□ 050 支払拒絶証書	050 公証人または執行官が自ら支払拒絶の事実を実際に見たうえで，手形の裏面または付箋に法定事項を記載して作成する公正証書をいう。手形の所持人は，満期に振出人から支払いを受けられなかったときは，支払拒絶証書を作成して請求権を保全し，裏書人に手形金額・満期以降の法定利息・その他の費用の支払いを請求することができる。
□ 051 資本維持の原則	051 資本金に相当する財産が確実に会社に維持され，現実に財産が存在しなければならないとする原則をいう。例えば資本金が1,000万円の株式会社であれば，1,000万円に相当する財産が会社に維持されていなければならない。

□ 052 資本充実の原則　052 会社の設立または新株発行の際には，出資が確実に履行され，資本金が実質的に充実されなければならないとする原則をいう。1株50,000円で200株を発行し，資本金を1,000万円とする場合には，実際に1,000万円が払い込まれなければならない。

□ 053 指名委員会　053 指名委員会等設置会社において，取締役の選任および解任に関する議案の内容を決定する機関をいう。3人以上で組織され，委員の過半数は社外取締役でなければならない。

□ 054 指名委員会等設置会社　054 取締役会のなかに指名委員会・監査委員会・報酬委員会の3つの委員会を設置し，業務執行機能は執行役が行うという機関設計を採用した株式会社をいう。

□ 055 社外監査役　055 株式会社の監査役であって，その就任の前10年間にわたり当該会社の取締役などでなかった者をいう。その他にも，重要な使用人でなかったことなど，細かい要件が会社法に定められている。

□ 056 社　　債　056 会社法の規定により会社が行う割り当てによって発生し，会社を債務者とする金銭債務をいう。会社の金銭債務なので，債権者(社債権者)には利息も支払われ元本も償還されるが，株主とは異なり，債権者(社債権者)は会社の運営に参加することはできない。

□ 057 種 類 株 式　057 権利の内容が異なる複数の種類の株式をいう。会社法では，株式の権利の内容は同一であることを原則としつつも，一定の範囲のもとで権利の内容が異なる複数の種類の株式を発行することを認めている。

□ 058 上 場 会 社　058 発行する株式を証券市場で自由に売買できる会社をいう。

□ 059 譲渡制限株式　059 株式を譲渡するにあたって，会社の承諾が必要とされる株式をいう。中小規模の株式会社では，株主の個性が問題となるので，好ましくない者が株式譲渡によって株主になることを阻止する必要がある。そこで会社法では，発行する株式の全部または一部の株式の内容として，譲渡については会社の承認を要することを定款で定めてもよいとしている。

□ 060 所有(資本)と経営の分離　060 企業の出資者と経営者が分離することをいう。大企業になると，大株主に代わって専門経営者と呼ばれる人々が取締役に就任する傾向が強くなる。

□ 061 書 面 性　061 手形行為は手形書面を通じて意思表示を行うという手形の性質をいう。

☐ 062 白 地 手 形	062 署名者が後日他人に補充させるつもりで，手形要件の全部または一部を記載しないで振り出した手形をいう。
☐ 063 新株予約権	063 会社から株式の交付を受ける権利をいう。この権利が行使されると，会社はその権利者に対して新株を発行するか，自己株式を交付しなければならない。
☐ 064 新 設 合 併	064 合併するすべての会社を消滅させて新しい会社を設立し，消滅会社のすべての権利義務を新設会社が承継する合併をいう。
☐ 065 新 設 分 割	065 分割会社が，その事業に関して有する権利義務の全部または一部を，分割により設立する新会社に承継させる分割をいう。
☐ 066 人 的 抗 弁	066 手形債務者が，特定の債権者に対して手形の支払いを拒否できる権利をいう。一方，すべての債権者に支払いを拒否できる権利を物的抗弁という。
☐ 067 人的抗弁の切断	067 手形が裏書によって譲渡されると，譲渡人に対して有していた支払請求拒絶の抗弁が切断され，譲受人に主張できなくなることをいう。例えば，A商店がB商店から商品を仕入れることを約束して約束手形を振り出したものの，B商店から商品が届かなかった場合には，債務不履行を理由に約束手形の支払いを拒否(抗弁)できる。しかし，その振り出した約束手形がC商店に裏書譲渡された場合，A商店はC商店に対して支払いを拒否することはできない。
☐ 068 絶対的記載事項 （必要的記載事項）	068 手形や小切手などに法が絶対的に記載を要求している事項をいう。
☐ 069 設 立 登 記	069 法人の設立に関する登記をいう。会社は本店の所在地において登記することで成立し，法人格を取得する。
☐ 070 善管注意義務	070 善良な管理者としての注意をもって会社の業務を行わなければならないとする義務をいう。
☐ 071 創 立 総 会	071 株式会社の募集設立の際に，設立時の株主によってなされる議決機関をいう。事実上の株主総会に相当する。
☐ 072 組 織 再 編 （企業再編）	072 組織変更，合併，会社分割，事業譲渡などを総称していう。
☐ 073 第三者方払文句	073 手形などに記載されている「第三者の住所で支払う」という文句をいう。統一手形用紙では，支払場所として銀行の店舗名が印刷されている。

□ 074 代表執行役	074 指名委員会等設置会社において，執行役のなかから選任される機関をいう。会社の業務執行を行い，対外的には会社を代表することになる。
□ 075 代表取締役	075 取締役会設置会社において，対外的に会社を代表し，かつ，業務を執行する取締役をいう。取締役会では必要的機関とされ，取締役会が取締役の中から選任する。取締役会設置会社以外の会社は，定款，定款の定めにもとづく取締役の互選または株主総会の決議によって，取締役のなかから定めることができる。
□ 076 単元株制度	076 定款で株式の一定数をまとめて1単元とし，株主の議決権は1単元につき1個とすることができる制度をいう。
□ 077 単独株主権	077 1株しか保有していない株主でも行使できる権利をいう。
□ 078 定時株主総会	078 毎事業年度の終了後，3か月以内の一定の時期に開催しなければならない株主総会をいう。決算に関する決議などを行う。
□ 079 手形行為独立の原則（独立性）	079 同一の手形上に複数の手形行為がなされている場合，論理的前提である手形行為が無効であっても，法定の方式さえ備えていれば，後になされた手形行為は，独立して効力を生じ，前の手形行為が無効であることの影響を受けないという原則をいう。
□ 080 手形の偽造	080 権限なく他人名義の手形行為をすることをいう。署名や印鑑の偽造による手形の振り出しなどが相当する。
□ 081 手形の変造	081 手形の記載内容を権限なく変更することをいう。
□ 082 特 殊 決 議	082 特別決議以上に厳しい要件が定められている決議をいう。①議決権を行使することができる株主の半数以上，かつ，当該株主の議決権の3分の2以上の賛成が必要な場合と，②総株主の半数以上，かつ，当該株主の議決権の4分の3以上の賛成が必要な場合がある。
□ 083 特定線引小切手	083 2本の平行線のなかに特定の銀行名を記載した小切手をいう。支払人たる銀行は，記載された銀行に対してのみ支払いを行う。
□ 084 特 別 決 議	084 議決権を行使できる株主の議決権の過半数を有する株主が出席し，出席した株主の議決権の3分の2以上の多数で決議することをいう。
□ 085 取 締 役	085 株式会社の業務を執行する機関で，株式会社においては必ず置かなければならない。株主総会で選任される。
□ 086 取 締 役 会	086 取締役全員で構成される機関をいう。

□ 087	内部統制システム（リスク管理体制）	087	取締役の職務の執行が法令および定款に適合することを確保するための体制をいう。
□ 088	引受呈示自由の原則	088	為替手形の引き受けのための呈示は，支払人にとっても支払い準備をするうえで必要といえるが，所持人の自由に委ねられているという原則をいう。したがって，所持人は引受呈示をしないで，満期にいきなり支払呈示をしてもよい。
□ 089	日付後定期払い	089	振り出しの日付から手形に記載した期間を経過した日を満期として支払うことをいう。
□ 090	非公開会社	090	すべての種類の株式について，株式譲渡制限をしている株式会社をいう。
□ 091	普通決議	091	議決権を行使できる株主の議決権の過半数を有する株主が出席し，出席した株主の議決権の過半数で決議することをいう。
□ 092	粉飾決算	092	財政状態や経営成績を実態よりも良く見せるために，決算書類である貸借対照表や損益計算書の数字をごまかすことをいう。
□ 093	報酬委員会	093	指名委員会等設置会社において，執行役などの個別の報酬等の内容を決める委員会をいう。
□ 094	募集設立	094	発起人は会社設立時に発行する株式の一部を引き受けるだけで，残りの株式を引き受けてくれる株主を募集する設立形態をいう。
□ 095	発起設立	095	発起人が会社設立時に発行する株式の全部を引き受ける方式をいう。
□ 096	無因性	096	手形行為は，その原因となった売買や金銭消費貸借などとは切り離された別個の行為と考えられるという手形の性質をいう。
□ 097	持分会社	097	合名会社・合資会社・合同会社を総称していう。
□ 098	文言性	098	手形行為によって生じる債務の内容は，手形書面の記載のみによって決定されるという手形の性質をいう。
□ 099	約束手形	099	振出人Aが受取人Bに対して，一定の期日に一定の金額を支払うことを約束する有価証券をいう。
□ 100	有害的記載事項	100	記載すると基本手形そのものが無効になってしまう事項をいう。例えば「振出人は何があっても責任を負わないものとする」といった法律に反する文言や，「支払いは分割払いとする」といった支払方法に条件をつける文言などがある。

□ 101 有限責任	101 株主は，会社の設立時に引き受けた株式の価額を限度とする出資義務を負うだけで，それ以上の責任を負わないことをいう。
□ 102 優先株	102 種類株式の一つで，配当金を優先的に受け取る権利内容や残余財産を優先的に受け取る権利内容などが定められた株式をいう。
□ 103 要式証券	103 手形や小切手のように，必ず記載しなければならない事項(絶対的記載事項)が法律で定められている有価証券をいう。
□ 104 要式性	104 手形行為は法律に定められた一定の要件を備えなければ有効に成立しないという手形の性質をいう。
□ 105 利益相反取引	105 取締役が，会社の利益を犠牲にして，自己または第三者の利益を図るような行為をいう。会社法で規制されている。
□ 106 臨時株主総会	106 必要がある場合に臨時に招集される株主総会をいう。

企業の責任と法

□ 001 アカウンタビリティ	001 企業が利害関係者から信頼を得て良好な関係を構築し，円滑に企業活動を行っていくうえで必要不可欠な説明責任をいう。
□ 002 アポイントメントセールス	002 「呼び出し商法」とも呼ばれ，懸賞の当選や特別割引キャンペーンなどの名目で消費者を営業所などへ誘い出し，そのうえで商品やサービスを販売する手法である。訪問販売の一種とされ，クーリング・オフ制度の対象となる。
□ 003 一般懸賞	003 抽選券やじゃんけんなどによって景品類を提供することをいう。
□ 004 委任	004 委任者が法律行為やその他の事務の処理を受任者に依頼し，受任者が自己の知識・技能によってそれを処理することを引き受ける契約をいう。
□ 005 請負	005 請負人が一定の仕事を完成することを約束し，注文者がその仕事の結果に対して報酬を支払うことを約束する契約をいう。
□ 006 会社更生	006 会社更生法にもとづき，再建の見込みのある株式会社について，事業の維持・再建を目的として行われる手続きをいう。
□ 007 開発危険の抗弁	007 製造物責任法において欠陥が認められる場合でも，引き渡した当時の科学や技術の知見によって，その欠陥を認識できなかったことを製造業者が証明したときは，責任を免れることをいう。

☐ 008 割賦販売	008 売買代金の分割払いを条件とした販売をいう。
☐ 009 割賦販売法	009 割賦販売等の取引の公正の確保を目的とした法律をいう。
☐ 010 鑑定	010 専門家による科学的・統計的な分析にもとづく評価や判断をいう。
☐ 011 起訴前の和解 （即決和解）	011 訴えを起こすことなく，当事者が裁判所に出頭して和解することをいう。当事者が請求の趣旨および原因，争いの実情を表示して，相手方の普通裁判籍の所在地を管轄する簡易裁判所に申し立てをして行う和解である。
☐ 012 キャッチセールス	012 駅前や繁華街の路上などで消費者（通行人）に声をかけて，最寄りの営業所や喫茶店などで商品やサービスを販売することをいう。特定商取引法では訪問販売の一種に分類され，クーリング・オフ制度の対象となる。
☐ 013 強制執行	013 国が権力を用いて真実の債権者に満足を得させることを目的とした法律上の制度をいう。直接強制・代替執行・間接強制の3種類がある。
☐ 014 強制貯金	014 労働契約にともなって，貯蓄の契約をさせたり，貯蓄金を管理する契約をさせることをいい，労働基準法で禁止されている。
☐ 015 共同懸賞	015 複数の事業者が参加して行う懸賞をいう。例えば，中元・歳末セールなど商店街が実施するものがある。
☐ 016 業務提供誘引販売取引	016 商品を購入すれば仕事を提供すると言って高額な商品を購入させる，いわゆる「内職・モニター商法」をいう。
☐ 017 クーリング・オフ制度	017 一定の期間内であれば，売買契約を締結した消費者は無条件で契約を解除できるという制度をいう。
☐ 018 原告	018 裁判所に訴えを起こした者をいう。
☐ 019 公益通報制度	019 企業内部の不正行為を知った従業員が，その事実を告発し，企業の不正行為を発見する制度をいう。
☐ 020 公証人	020 法務大臣によって任命され，各地の法務局に所属し，当事者その他の関係者の依頼により，法律行為や個人の権利に関する事実を証明する公正証書を作成する人をいう。
☐ 021 公正証書	021 公証人が厳格な手続きにしたがって作成した証書であり，真正な公文書と推定される。

☐ 022 口　頭　弁　論	022 民事訴訟において，双方の当事者または代理人が口頭により弁論や証拠調べを行う手続きをいう。当事者は，訴訟について，口頭弁論期日に裁判所で口頭弁論をしなければならないものとされている。
☐ 023 国際商事仲裁制度	023 国際取引紛争を対象とした仲裁制度をいう。
☐ 024 個別信用購入あっせん	024 信販会社からクレジットカードの交付は受けず，商品等の個別の売買契約ごとに信販会社と消費者が契約する販売方法をいう。
☐ 025 雇　　　　　用	025 労働者が使用者の指示にしたがって労務に服することを約束し，使用者が労務に対して報酬を支払うことを約束する契約をいう。
☐ 026 コンプライアンス（法令遵守）	026 企業が，法令や社会規範などを遵守して経済活動を行うことをいう。
☐ 027 裁判外紛争解決（ＡＤＲ）	027 裁判上の和解，調停，仲裁など，裁判外で第三者が紛争に関与し，調整して紛争解決をはかる制度をいう。
☐ 028 裁判上の和解	028 裁判所で裁判官が当事者の間に入って互いに譲歩させ，当事者が合意することをいう。訴訟上の和解と起訴前の和解（即決和解）とがある。
☐ 029 サボタージュ（怠業）	029 職場において仕事の効率性を意図的に下げて経営者に圧迫をかけ，紛争の解決をせまる争議行為をいう。こうした争議行為の結果，使用者に売上高減少などの損害を与えても，争議行為が正当なものであれば，使用者に対して損害賠償責任は負わない。
☐ 030 三　審　制	030 裁判において判決が確定するまで控訴と上告によって合計3回まで審理が受けられる制度をいう。
☐ 031 自　己　破　産	031 破産のうち，債務者自身の申し立てによる場合をいう。
☐ 032 自　社　割　賦	032 消費者が商品を購入した販売店に対して代金を後払いで支払うことを認める取引方法をいう。
☐ 033 自　　　　　署	033 本人自身が氏名を書くことをいう。
☐ 034 私　署　証　書	034 私人が作成した文書をいう。私署証書であっても公証人の認証を得ると真正に成立したものとして取り扱われる。
☐ 035 私　的　整　理	035 倒産処理の方法のうち，債権者と債務者の話しあいによって利害調整を行いながら処理を進める方法をいう。

□ 036 就 業 規 則　036 使用者が労働時間や賃金などの労働条件を定めたものをいう。常時10人以上の労働者を使用する使用者には，作成義務と行政官庁への届出義務が課されている。

□ 037 自由心証主義　037 民事訴訟において，どの証拠を採用するかは裁判官の自由な判断に委ねられていることをいう。

□ 038 準自己破産　038 破産のうち，会社役員が会社の破産手続開始の申し立てを行った場合をいう。

□ 039 少額訴訟手続　039 60万円以下の金銭の支払いを請求する事件について，原則として1回の期日で審理を終え，即日，判決の言い渡しをする手続をいう。

□ 040 上　　　訴　040 判決に不服がある場合に，上級裁判所に不服を申し立てることができる制度をいう。第一審の判決に対する不服を申し立てる控訴と，第二審の判決に不服を申し立てる上告とがある。

□ 041 証 人 尋 問　041 民事訴訟における証拠のうち，当事者を呼んで尋問を行うことをいう。

□ 042 消費者基本法　042 消費者問題に対応するために1968（昭和43）年に制定された消費者保護基本法を，高度情報通信社会に対応し，消費者の自立支援を促進するために2004（平成16）年に改正して施行された法律をいう。

□ 043 消費者契約　043 消費者と事業者との間で締結される契約をいう。

□ 044 消費者契約法　044 消費者と事業者との間の情報の質と量，交渉力の格差を考慮し，消費者の利益の擁護をはかり，国民生活の安定や国民経済の健全な発展に寄与することを目的として制定された法律をいう。事業者と消費者との間に締結された労働契約を除く，すべての消費者契約に適用される。

□ 045 書　　　証　045 民事訴訟において書面を証拠とすることをいう。

□ 046 ストライキ（同盟罷業）　046 集団的に仕事や職場を放棄する争議行為をいう。

□ 047 製造物責任　047 製造物の欠陥によって，人の生命，身体または財産に被害が生じた場合に，その製造物を製造，加工または輸入した業者が，損害賠償責任を負うことをいう。

□ 048 総 付 景 品　048 懸賞によらずに提供される景品類をいう。例えば来店者にもれなく提供する金品などがある。

□ 049 訴　　　　状

049 民事訴訟を提起する際に，原告が裁判所に提出する文書をいう。当事者および法定代理人，請求の趣旨および原因を記載しなければならない。

□ 050 訴訟上の和解

050 訴訟手続の進行中に，その裁判所でなされる裁判上の和解をいう。裁判所は，訴訟がいかなる程度にあるかを問わず，和解を試みることができる。

□ 051 訴 訟 能 力

051 有効に訴訟行為を行い，または受ける能力をいう。民法上の行為能力者は原則として訴訟能力を有する。

□ 052 仲　　　　裁

052 仲裁法に規定された紛争解決方法をいう。当事者が第三者の判断にしたがって紛争を解決する裁判外紛争解決（ＡＤＲ）の代表的な制度である。

□ 053 仲 裁 合 意

053 仲裁における合意をいう。

□ 054 調　　　　停

054 民事調停法，家事事件手続法に定められている紛争解決方法をいう。第三者である裁判所の調停委員会が，当事者の意見を聞いたうえで，紛争を解決する案（調停案）を示し，当事者が納得して受け入れたときに成立する。

□ 055 通 信 販 売

055 テレビ，雑誌，カタログ，インターネットなどを使って広告を行い，郵便・電話・インターネットなどにより契約の申し込みを受けて，商品や役務，特定権利の販売や提供を行う販売方法をいう。

□ 056 電話勧誘販売

056 販売業者が電話により勧誘を行って，契約をむすぶ販売方法をいう。

□ 057 倒　　　　産

057 経済的に破たんして債務を弁済できなくなり，経済活動を継続することが不可能になった状況をいう。

□ 058 当事者能力

058 原告または被告となることができる一般的能力をいう。

□ 059 同 時 廃 止

059 債務者の財産が少なく破産手続の費用にも足りない場合に，破産手続開始決定と同時に破産手続を終了させる決定をすることをいう。

□ 060 答 弁 書

060 民事訴訟において被告が最初に提出する準備書面をいう。

□ 061 特定継続的役務提供

061 エステティックサロン，外国語会話教室，学習塾などのように，その目的の実現が必ずしも確実とはいえない役務（サービス）を，継続的に提供することをいう。

□ 062 特定商取引法

062 消費者被害が生じやすい訪問販売，通信販売，電話勧誘販売などについて規制を設けている法律をいう。

☐ 063 特 別 清 算	063 解散して清算手続に入った株式会社に債務超過の疑いがある場合などに，裁判所の監督下で清算業務を行う清算型の手続きをいう。
☐ 064 ネガティブオプション	064 販売業者が勝手に商品を送りつけ，代金を請求する販売方法をいう。
☐ 065 派遣労働者	065 事業主が雇用する労働者であって，労働者派遣の対象となる者をいう。
☐ 066 破 産	066 破産法にもとづき，債務者が支払不能または債務を完済することができない状態にある場合，債務者の資産をすべて換金処分して債権者に公平に配分することを目的として行われる清算型の手続きをいう。
☐ 067 被 告	067 民事訴訟において，訴えを起こされた側の当事者をいう。
☐ 068 不当景品類及び 不当表示防止法 （景表法）	068 事業者の過大な景品の提供や不当な表示による不当な顧客誘引を防止し，消費者の利益を保護することを目的とする法律をいう。取引の公正を守る独占禁止法の特例法である。
☐ 069 不当労働行為	069 労働者の団結権や団体交渉権を侵害する使用者の行為であり，禁止されている。
☐ 070 包括信用購入あっせん	070 信販会社が消費者の申し込みにより，あらかじめクレジットカードを交付しておき，消費者が信販会社と契約している販売業者から商品を購入した場合に代金を一括して立て替え払いし，消費者から分割払いで返済を受ける販売方法をいう。
☐ 071 法 的 整 理	071 倒産処理の方法として，裁判所の関与のもとで法律にしたがって倒産手続きを進めることをいう。
☐ 072 訪 問 販 売	072 消費者の家庭，職場，路上など営業所等以外の場所で契約を締結する販売方法をいう。
☐ 073 本 人 訴 訟	073 訴訟能力を有すれば，本人自ら，どの審級においても訴訟できることをいう。
☐ 074 民事上の和解 （示談）	074 発生した紛争について，当事者が話しあって互いに譲歩し，解決することをいう。
☐ 075 民 事 再 生	075 民事再生法にもとづき，簡素な手続きで事業の再生をはかることを目的とする法的整理のことをいう。株式会社などの法人だけでなく，個人でも利用することができる。
☐ 076 有 給 休 暇	076 労働者の休暇のうち，賃金が支払われる休暇をいう。

☐ 077 有利誤認表示	077 実際のものよりも取引の相手方に著しく有利であると一般消費者に誤認される表示であり，禁止されている。
☐ 078 優良誤認表示	078 実際のものよりも著しく優良であると示す表示であり，禁止されている。
☐ 079 連鎖販売取引 （マルチ商法）	079 商品の買い主に対し，商品を売ってくれれば利益を提供すると言い，商品の買い主を新たな販売員にすることをくり返し，連鎖状に販売を拡大する方法をいう。
☐ 080 労働委員会	080 労働者委員，使用者委員，公益委員の三者で構成され，公正な第三者の立場で，労働争議のあっせん・調停・仲裁を行い，その収拾にあたる機関をいう。
☐ 081 労働関係調整法	081 労働関係の公正な調整をはかり，労働争議を予防・解決して産業の平和を維持し，経済の興隆に寄与することを目的とした法律をいう。
☐ 082 労働基準法	082 労働者が，人間らしい生活をするための最低の労働条件を定めた法律をいう。
☐ 083 労働基本権	083 労働者が労働に関してもつ基本的な権利であり，さまざまな労働法の中心をなすものである。
☐ 084 労 働 協 約	084 労働組合と使用者またはその団体との間でむすばれた，労働条件などに関する書面による協定をいう。
☐ 085 労働組合法	085 労働者が団体交渉その他の団体行動を目的として自主的に労働組合を組織し，団結することを擁護するために制定された法律をいう。
☐ 086 労 働 三 法	086 労働基準法・労働組合法・労働関係調整法を総称していう。
☐ 087 労働者派遣事業	087 労働者派遣を業として行うことをいう。
☐ 088 ローン提携販売	088 販売業者が消費者の保証人となり，販売業者の提携する金融機関から消費者が貸し付けを受けて代金を一括して支払い，金融機関に分割して返済する販売方法をいう。
☐ 089 ロックアウト （作業所閉鎖）	089 労働争議の際に，事務所や工場などを経営者が一時的に閉鎖し，労働者の就業を拒むことで労働者が起こした争議行為に対抗することをいう。

重要用語チェック

重要用語が理解できているか，チェックしてみよう。解答はp.160～161にあります。

経済社会と法

□□　法, 慣習, 道徳など社会生活を営むうえで誰もが守らなければならないルールのことを　(1)　という。

□□　売買・貸借・婚姻など私人相互の関係を規律する法を　(2)　という。

□□　国または地方公共団体と個人との関係を規律する法を　(3)　という。

□□　社会的あるいは経済的な弱者を保護するために，私法の分野にも国家が積極的に関与する必要が生じた。そこで制定されたのが労働三法などの　(4)　である。

□□　一般法とは，地域・人・事柄に限定されず，普通一般に広く適用される法をいい，　(5)　とは,特定の地域・人・事柄に限定して適用される法をいう。

□□　経済上の弱者を保護するため，例えば，基本法である民法を改正するのではなく，別に法律をつくって必要な規制を行うことで，それらの法律が一般法としての民法に優先して適用されるようになっている。これを　(6)　優先主義という。

□□　当事者の意思が法と異なる場合には，適用が強制されない法規のことを　(7)　法規という。

□□　当事者の意思にかかわらず適用が強制される法を　(8)　法規という。

□□　一つのメーカーに経済力が集中することにより，他のメーカーの営業活動を排除・支配するような，不当な取引や不公正な取引を禁止する制限を設けている法律を，　(9)　という。

□□　法令が制定され，国民に知らされることを　(10)　という。

□□　公布された法令が効力を発生して実際に適用されるようになることを　(11)　という。

□□　法の公布の役割をもつ国の機関紙のことを　(12)　という。

□□　明確な条文の形で書き表された法のことを　(13)　という。

□□　条文の形で書き表されていない法のことを　(14)　という。

□□　同種の事件について同一の判決がくり返されると，同じような事件について，将来も同一の判決があるだろうと予測されるようになる。このようにして，同じ趣旨の判例が積み重ねられることによって生まれた法規範を　(15)　という。

□□　地方公共団体の議会が制定する成文法を　(16)　という。

□□　地方公共団体の長が制定する成文法を　(17)　という。

□□　国家間で締結された文書による協定を　(18)　という。

□□　「犬を同伴する入店が可能な店舗であれば，猫を同伴する入店も可能なはずだ」と解釈することを　(19)　解釈という。

□□　法文の字句や文章の意味を文字通りに解釈することを　(20)　解釈という。

□□　法文で定めていない事柄について，法文の意味を反対に解釈することを　(21)　解釈という。

□□　法令は，原則として，施行期日前に発生した事柄には適用されない。これを　(22)　の原則という。

□□　法文の言葉の趣旨を考え，意味を拡張して解釈することを　(23)　解釈という。

権利・義務と財産

□□　社会の向上や発展を目的とした社会全体の利益のことを公共の　(1)　という。

□□　権利の行使に特別な利益もないのに，相手方に損害を与えるためだけになされるような，正当な範囲を逸脱した権利の行使を権利の　(2)　という。

□□　自宅の駐車場に勝手に車を停める人が多くて困るが，法治国家では勝手に不法占拠車を撤去することは許されない。これを　(3)　の禁止という。

□□　自分の行為の性質や結果を正しく理解・判断できる能力のことを　(4)　という。

□□　権利・義務の主体となりうる能力を　(5)　という。

□□　胎児はまだ生まれていないので，原則として　(6)　は，認められていないが，損害賠償請求や相続，遺贈については例外的に認められている。

□□　自然人以外のもので，権利能力をもつ企業や団体のことを　(7)　という。

□□　人が現実に物を支配している状態により生じる権利のことを　(8)　という。

□□　未成年者・被補助人・被保佐人・成年被後見人を総称して　(9)　という。

□□　精神上の障がいにより，物事の筋道を理解する能力を欠く常況にある者で，通常の法律行為については，日常生活に関する行為以外は取り消しが可能とされている者を，　(10)　という。

□□　精神上の障がいなどにより意思能力が著しく不十分な者は，本人や家族などの請求により，家庭裁判所が保佐開始の審判をすると　(11)　となる。

□□　精神上の障がいなどにより意思能力が不十分な者は，本人や家族などの請求により，家庭裁判所が補助開始の審判をすると　(12)　となる。

□□　未成年者が成年者であるかのように相手方を欺く手段を用いて法律行為をすることを　(13)　という。

□□　制限行為能力者と取引をした相手方は，その契約をいつ取り消されるかわからない不安定な状態に置かれる。そこで，相手方に「1か月以上の期間内にその契約を認めるかどうか確認し，返事をしてもらう旨を伝える権利」が認められている。この権利を　(14)　という。

□□　被保佐人は，借金・保証・不動産の売買など財産上重要な意味をもつ法律行為については，保佐人の　(15)　を得て行わなければならない。

□□　現在は健康で何でも自分で決められるが，将来は認知症になるリスクを感じている人が，将来を見越して事前に公証役場で後見をしてもらう契約をむすぶ制度もある。この制度のことを　(16)　制度という。

□□　失踪宣告制度とは，人が生死不明になった状態が一定期間にわたり続いているとき，利害関係者が　(17)　に請求し，失踪宣告をしてもらい，その人を死亡したものとみなして扱うことができる制度である。

□□　生死不明の状態が一定期間経過した後，普通失踪の申し立てを行い，裁判所が認めるとその人は死亡したものとみなされる。普通失踪の場合の一定期間は　(18)　年である。

□□　海難事故など特別の危難にあい，その危難が去っても生死不明である特別失踪の場合には，失踪宣告をするために必要な失踪期間は，　(19)　年である。

□□　公益目的事業のために人々が集まって設立した法人を　(20)　という。

□□　一定の目的のために提供された財産をもとにして設立された法人で，行政庁の公益認定を受けていない法人を　(21)　という。

□□　株式会社など営利事業を目的とする法人を　(22)　という。

□□　法人にはその組織の根本を定めた決まりがある。この決まりのことを　(23)　という。

□□　法人と同じような組織をもって活動している社団で，法人ではない同窓会，ＰＴＡ，町内会，親睦会などを　(24)　のない社団という。

□□　権利を得たり，義務を負ったりするなどの法律行為が一人でできる資格のことを　(25)　という。

□□　隣家の庭のヒノキが自分の土地に倒れそうになってきていたので，「私の土地にヒノキが倒れてこないように事前に措置を講じてくれ」と隣人に依頼した。この依頼は，所有権の物権的請求権のうち，　(26)　という権利の具体例となる。

□□　自分が所有している土地に，近隣に住むＢが勝手にゴミを捨てていた。ＡはＢに速やかにゴミを撤去するように申し入れ，１か月以内にＡの土地からゴミを撤去するよう約束させたが，この申し入れは，所有権の物権的請求権のうち，　(27)　という権利の具体例となる。

□□　自由に使用し，収益し，処分する権利(物権)を　(28)　という。

□□　他人の所有する土地を，一定の制限内で使用・収益することを内容とする物権を総称して　(29)　という。

□□　目的物を債権の担保に供することを目的とする物権を総称して　(30)　という。

□□　一つの物には同一内容の物権が二つ以上成立することはないという原則を　(31)　主義という。

□□　民法第175条には，法律で定められたもの以外の物権を新たに創設することはできないと定められている。この考え方を　(32)　主義という。

□□　所有権のない不動産に対してはじめてなされる登記のことを　(33)　という。

□□　Aが所有する土地の所有権をBのものにする際の登記手続きを　(34)　という。

□□　AはBの所有する土地を購入するために1月10日に手付金を支払い，残金は2月10日に支払うことにした。しかし，2月4日にBがCにその土地を売却し，同時に移転登記がなされていた。このときその土地の所有権は　(35)　にある。

□□　「○丁目○番地○号の土地」などのように当事者がその物の個性に着目して取引の目的物としたものを　(36)　という。

□□　「ジュース1本」などのようにその物の種類に着目して取引の目的物としたものを　(37)　という。

□□　2つの物がお互いに経済的効用を補いあっている場合，その補われているものを　(38)　といい，補っているものを従物という。

□□　トンネルを通すために他人の所有する土地を使用することができる用益物権がある。この用益物権は　(39)　である。

□□　通行したり，引水したりするなど，自分の土地の利用のために他人の土地を利用できる権利を　(40)　という。

□□　民法第209条から第238条にかけて，土地所有者の間で，隣接する土地の相互利用を円滑にするために調整しあうことが規定されている。これを　(41)　関係という。

□□　他人の土地に囲まれて，公道に出ることができない土地を　(42)　といい，　(42)　の所有者は，その土地を囲む囲繞地を一定の制限のもとで通行することができる。これを囲繞地通行権という。

□□　民法が規定する相隣関係によると，隣の土地から　(43)　cm未満の敷地には建物を建てられない。

□□　田畑からとれる米・果物，乳牛からとれる牛乳などを　(44)　という。

□□　果実の収益権者が代わった場合，天然果実は収取権者の物になり，法定果実は変更時を基準に日割りで分配する。したがって，4月分の家賃6万円をあらかじめ受け取っていた家主が，4月20日に別の者にその家を売却した場合，もとの家主の受け取るべき家賃は　(45)　万円と計算できる。

□□　土地およびその定着物のことを　(46)　という。

□□　特許庁に商標を登録すると，商標権が与えられ，その商標の独占使用が認められる。商標権の存続期間は　(47)　年で，更新登録の申請により半永久的に使用することができる。商標を登録することで，侵害品の製造や販売を停止させたり，侵害品を製造するための設備を廃棄させたりすることができる差止請求権が認められる。

□□　新しい発明・考案や著作など，人間の考え出した無形のものが，経済的な利益になりうる場合には，その利益を排他的に支配する権利がある。この権利を　(48)　という。

□□　特許権・実用新案権・意匠権・商標権は，特に産業上の無形の利益を保護するものであることから　(49)　とよばれる。

□□　新しい産業上の発明をしたとき，最初に特許庁へ出願し，登録が認められると，その発明者に対して，産業上利用することができる新規の発明を排他的・独占的に利用できる権利が与えられる。この権利を　(50)　という。

□□　特許権の存続期間は，特許出願の日から　(51)　年(一部25年に延長)で，この期間が経過したときは消滅する。

□□　品物の形・模様や色彩またはこれらの結合，建築物の形状や画像であって，視覚を通じて美的感覚を生じさせるものを考案し，意匠原簿に設定登録をすると　(52)　という権利が発生する。

□□　商品につける特別のマークや立体看板，特定の業者が提供している役務であることがわかるマークを独占して使用することができる権利は　(53)　である。

□□　品物の形や構造または組み合わせの方法などによって，実用的な製品を考案し，特許庁へ登録をすると，　(54)　を取得する。

□□　産業財産権について専門的な知識をもち，産業財産権の権利化の手続きや紛争処理などを行うための国家資格を有している者を　(55)　という。

□□　著作権は著作者の生存中と死後　(56)　年間保護される（2018（平成30）年の改正著作権法施行までは著作者の生存中と死後50年間保護された）。

□□　自然人や法人が支配している財産は，権利の対象物となるので権利の　(57)　という。

□□　刑法上，有体物ではないが，物として扱われるものは，　(58)　である。

取引に関する法

□□　一定の期間継続して権利を事実上行使する者に，その権利を取得させる制度を　(1)　という。

□□　権利を一定期間にわたり行使しないでおくと，その権利を消滅させる制度がある。これを　(2)　という。

□□　時効は，ある事実状態が一定期間継続することを必要とするから，継続を妨げるような事情がある場合には，そのときからあらためて時効の期間を計算する。これを　(3)　という。

□□　他人の土地であっても，占有者が平穏・公然・善意無過失で　(4)　年占有を継続すれば所有権を取得する。

□□　他人の土地の占有者が，平穏かつ公然，しかし過失がある場合には　(5)　年占有を継続すれば所有権を取得する。

□□　時効によって受ける利益を主張することを時効の　(6)　という。

□□　契約の当事者は，契約の締結，契約の相手方，契約の内容，契約の方式について当事者間で納得していれば，いかなる内容でも決定することができる。これを　(7)　の原則という。

□□　水道・電気・ガスの供給事業や，鉄道やバスでの運送事業，保険や預金などの金融事業では，多数の利用者との間で同じ内容の契約を迅速かつ公平に締結する必要がある。そこで，あらかじめ会社側が決めておいた一定の契約内容（約款または定型約款）にしたがって契約がむすばれる。このような契約を　(8)　契約という。

□□　１人の債務者に対して債権者が何人もいる場合，それぞれの債権者は債務者の財産に対して平等の権利をもち，特定の債権者が優先的に権利を行使することはできない。これを　(9)　の原則という。

□□　野生の鳥や魚をとった場合や，ゴミを拾った場合など，所有者のいない動産を占有した者は，その所有権を取得する。これを　(10)　という。

□□　物権の変動には常に他から認識できる表象が必要であることから，権利者であることを広く一般の人々に示すことが必要になる原則を　(11)　の原則という。

□□　不動産における公示を信頼して取引をした者については，公示が真実に反していたときも保護するべきであり，その権利の取得を認めるべきだという考え方を　(12)　の原則という。

□□　債務者または第三者が，不動産を占有したままで債権の担保として提供し，債務者が弁済期に弁済しないときは，債権者がその不動産を競売して，その代金から他の債権者に優先して弁済を受けることができる担保物権を　(13)　という。

□□　ＸはＡから500万円を借りるために，時価1,000万円の家屋に対して５年前に500万円の一番抵当権を設定していた。さらにその後，ＸはＢから500万円を借りるために，この家屋に二番抵当権を設定した。その後，家屋の評価額が低下し600万円となった場合，家屋を評価額通りに売却してもＢが受け取れるのは　(14)　万円である。

□□　取引関係にもとづいて平穏かつ公然と占有を始めたＣが，Ａの動産を占有しているＢに所有権があると信じ（善意），そのことに過失がない場合には，ＣはＢから引き渡しを受けたときに，ただちにその動産の所有権を取得することができる。これを動産の　(15)　という。

□□　債務者が弁済しようとしても，債権者がその受領を拒み，または受領することができないときは，債務者は弁済の目的物を　(16)　所に預けて債権を消滅させることができる。これを　(16)　という。

□□　債権と債務が同一の人に帰属することを　(17)　といい，このとき債権と債務は消滅する。

□□　遺失物を拾った者がそれを警察に届け出て，警察で公告してから　(18)　か月以内に所有者が現れなかったときは，拾った者がその所有権を取得する。

□□　まったく代理権のない者が代理人と偽って契約した場合を無権代理といい，無権代理の場合には，本人が　(19)　しない限り，本人に対しては効力を生じない。

□□　任意代理においては，代理人は代理を依頼した本人の代理であることを相手方に示す必要がある。これを　(20)　主義という。

□□　Xの代理人YがXの契約の相手方Zの代理人も兼ねることを　(21)　といい，原則として禁止されている。

□□　本来は無権代理であるが，本人と無権代理人との間に特別な関係があるため，相手方が無権代理人を正当な代理人であると信じてもやむをえない事情がある場合には，相手方の信頼を保護して，本人との間に有効な代理があったのと同じ効果が認められる。これを　(22)　という。

□□　普通の借地権の存続期間は，当初の借地契約の際には　(23)　年以上，最初の更新の際には20年以上，その後の更新の際には10年以上とされる。

□□　住宅用ではなく，事業の用に供する建物の所有を目的とする借地権を　(24)　といい，存続期間は10年以上50年未満とされている。

□□　契約の更新や建物の築造による存続期間の延長がなく，建物の買取請求もしないことを書面で特約する借地権を　(25)　という。この借地権の存続期間は50年以上と定められている。

□□　日・週・月・年で定められた期間の場合は，別の規定がない限り翌日から起算することになる。これを　(26)　の原則という（ただし初日が午前0時から始まる場合を除く）。

□□　令和○年11月12日から7日間といった場合，11月13日の午前0時から起算し，11月　(27)　日の午後24時が期間の満了点となる。

□□　週・月・年の期間の計算は，日に換算しないで暦にしたがって計算し，期間が終わった週・月・年の応答日の前日を満了点とする。この規定にしたがえば，「令和○5年4月6日から2か月間」とした場合，期間の計算の開始が令和○5年4月6日の午前0時とすると満了点は「令和○5年6月　(28)　日の24時」となる。

□□　法律行為の効力の発生または消滅が，将来必ず到来する事実にかかっている場合，その事実を期限という。そのうち，到来時期が確定しているものを確定期限といい，到来時期が不確定なものを　(29)　という。

□□　将来の不確定な事実が成就するまで契約の効力を停止する条件のことを　(30)　という。

□□　将来の不確定な事実が成就することによって契約の効力を消滅させる条件のことを　(31)　という。

□□　任意代理人に代理権を与えるときは，他人に法律関係の処理を任せる契約をむすぶのが普通で，その際，本人から代理人に代理権を与えたことを証明する書類を渡されることが多い。この書類を　(32)　という。

□□　任意代理において，本人が委任の内容を記入しないで，代理人に記入を任せる委任状を　(33)　という。

□□　思い違いから，契約書に売買の目的物を商品Aと書くつもりで，商品Bと書いてしまった場合のように，思い違いから真意と違う意思表示をしてしまい，表意者がそれに気づかなかった場合を　(34)　という。

□□　相手方と話しあったうえで，真意とは異なる偽りの意思表示をすることを　(35)　という。

□□　表示した意思が真意でないことを表意者自身が知りながら行った意思表示を　(36)　という。

□□　不動産売買などの重要な取引では，売買契約を締結したときに契約書を作成し，買い主から売り主へ　(37)　を交付することがある。これは，売買契約の履行を確実に行うための保証金の性質をもっている。

□□　Aが土地を購入することを予定して解約手付12万円をBに支払ったが，その後，Bの都合で契約が解除された。このときBはAに対して　(38)　万円を支払う。

□□　当事者の一方がある財産を無償で相手方に与える意思を表示し，相手方がこれを受諾することによって成立する契約を贈与という。贈与はその意味で，片務契約・無償契約・　(39)　契約である。

□□　売買契約は，双務契約・　(40)　契約・諾成契約である。

□□　故意または過失によって他人の権利を侵害し，その結果，他人に損害を与える行為のことを　(41)　という。

□□　貸し主が借り主に物の所有権を移転せずに使用・収益させることを約束し，借り主が貸し主に賃料を支払うことと契約終了時にその物を返還することを約束することによって生じる双務・有償・諾成契約を　(42)　という。

□□　借りた物を消費し，後で同種・同等・同量の物を返す契約を　(43)　という。

□□　賃借人が賃貸人に負担する賃料などの債務など一切の債務を担保するための金銭を　(44)　という。たとえばこの金銭が30万円あり，未払いの家賃が10万円あれば，賃貸人は30万円から10万円を差し引いて20万円を返還する。

□□　AがBからカメラを借りていて，カメラはAの手もとにあるとする。このときBが「そのカメラはこれからはAのものだ」と意思表示をしたことによって，AはBから引き渡しを受けたことになった。これを　(45)　という。

□□　売り主が目的物をそのまま借りておくような場合には，売り主が，今後は買い主のために占有するという意思表示をするだけでよい。これを　(46)　という。

□□　目的物が第三者に預けられているような場合には，売り主がその第三者に対して今後は買い主のために保管するように依頼し，買い主もそれを承諾すると，目的物の引き渡しがあったものと認められる。これを　(47)　という。

□□　債権者と債務者が合意すれば，借金の弁済の代わりに一定の物を引き渡して債務を消滅させることもできる。これを　(48)　という。

□□　友人から無償で自転車を借りたり，子が親から無償で住宅を借りて住んだりしている場合のように，消費されない物を無償で貸借することを　(49)　という。

□□　債権者が債務者に対して，一方的に無償で債権を消滅させるという意思を表示することを　(50)　という。

□□　不法行為において被害者側が事実の有無を明らかにしなければならないとする責任のことを　(51)　責任という。

□□　売り主は目的物が完全なものと保証して代金を決めて売ったものとみられるので，もし売買の目的物が完全でなかった場合には，売り主は　(52)　責任を負う。このうち売買の目的物が種類・品質・数量などで契約内容に適合していなかった場合には，買い主は売り主に対して履行の追完請求・代金減額請求・損害賠償請求・契約の解除ができる。

□□　債務者が債務を履行しない場合に，第三者が債務者に代わって債務を履行する義務のことを　(53)　という。

□□　保証人が，主たる債務者と連帯して債務を負担することを　(54)　という。

□□　A・B・Cの3人がいずれも債務全額について弁済の義務を負うという合意をしている場合には，それぞれが債務全体の責任を負う。これを　(55)　という。

□□　連帯保証人は，　(56)　の抗弁権(債権者が主たる債務者に履行請求しないで，いきなり保証人に請求してきた場合に，まず主たる債務者に請求せよと主張する権利)をもたない。

□□　連帯保証人は　(57)　の抗弁権(債務者が返済しない場合に，債務者に強制執行しやすい財産があることを債権者に証明して，債務者の財産に対して強制執行せよと主張する権利)をもたない。

□□　情報通信技術が発達し，郵便事情もよい現代では原則として意思表示は相手方に到達したときに効力を生じる。これを　(58)　という。もし手紙を郵便ポストにいれたときに効力が発するとすると，相手方にはその事実がわからなくなるためである。

□□　例えば自分が所有している腕時計を担保として預け，返済できないときはそれを競売してその代金から返済するといった担保物権を　(59)　という。

□□　債務者が弁済期に債務の弁済をしないときは，質物をただちに質権者の所有にするという契約を　(60)　契約という。

□□　債務者が目的物の所有権を担保として債権者に移し，目的物を債権者から借りて使用するという物的担保を　(61)　という。

□□　信販会社と消費者との間の売買で，消費者が代金の全額を支払うまで商品の所有権を信販会社側に留保することによって，代金債権を担保する方法がある。この方法を　(62)　という。

□□　債務者が履行しようと思えば履行できるにもかかわらず，債務の履行期がきても履行しない場合を　(63)　という。

□□　履行はなされたが，債務者の責めに帰すべき事由によって債務の内容に不完全な点がある場合を　(64)　という。

□□　契約その他の債務の発生原因および取引上の社会通念に照らして，債務の履行が不能であることを　(65)　という。

□□　契約が解除されると，はじめから契約がなかったような状態に戻り，買い主は引き渡しを受けていた物を，売り主は受け取っていた代金を，それぞれ返還しなければならない。これを　(66)　義務という。

□□　物の引き渡しや金銭の支払いなどの与える債務については，裁判所の手を借りて，債権の内容を直接的に実現することができる。これを　(67)　という。

□□　隣家のヒノキが自宅に倒れてきたので隣人にその撤去を要請したが，隣人は応じない。そこで裁判所にその旨を訴えたところ裁判所はその訴えを認め，第三者である専門の業者に依頼して倒れていたヒノキを除去し，その費用は隣人に負担させた。この一連の手続きのことを　(68)　という。

□□　「なす債務」について，債務者が債務を履行しない場合には，「1日につきいくら支払え」と裁判所が命じて心理的な圧迫を加え，間接的に履行を強制する方法がある。これを　(69)　という。

□□　金銭消費貸借契約の利息については，一般的には貸し主と借り主との間で任意に決められた利率で支払われるのが一般的である。この任意に決められた利率を　(70)　利率という。もしこの任意に決められた利率がない場合には，民法で定められた利息を支払うことになっており，この利率を法定利率という。

□□　金銭消費貸借契約の利息を当事者の自由にしておくと，経済的に弱い立場の借り主が不当に高い利息を押し付けられる可能性がある。そこで　(71)　法は，利息の最高限度を定めている。

□□　売買のような双務契約の当事者の一方は，相手方が債務を履行する用意をしないうちは，自分の債務の履行を拒むことができる。これを　(72)　の抗弁権という。

□□　双務契約の場合，一方の債務が当事者のどちらにも責任のない原因で消滅した場合，他方の債務はどのような影響を受けるかという問題が生じる。これを ［ (73) ］ の問題という。

□□　AがBに建物を売るという契約をした後，隣家からの出火で建物が類焼してしまったというような場合，売り主Aの建物を引き渡すという債務は消滅するが，買い主Bは代金を支払う必要があるかどうかという問題が生じる。改正民法では，債務者主義が採用されているので，買い主Bは代金の支払いを拒絶 ［ (74) ］ 。

□□　加害者に過失がなくても損害賠償責任が認められることを ［ (75) ］ 責任という。

□□　加害者が，不法行為によって損害賠償金を支払う場合，被害者にも過失があれば賠償額を減額されることを ［ (76) ］ という。

□□　動物が他人に損害を加えた場合には，その動物の占有者または管理者が損害賠償責任を負う。これを ［ (77) ］ の責任という。

□□　事業のために他人を使用する者は，被用者がその事業の執行について第三者に加えた損害を負わなければならない。これを ［ (78) ］ という。

□□　精神的な損害に対する賠償金を ［ (79) ］ という。

□□　害悪を告げて人に恐怖心をいだかせる行為を ［ (80) ］ という。
　 ［ (80) ］ による取り消しは，取り消し前に出現した第三者が善意・無過失であっても対抗できる。

□□　公証人によって厳格な手続きにしたがって作成された真正な公文書を ［ (81) ］ という。

会社に関する法

□□　発起人が設立時に発行する株式の全部を引き受ける設立の方法を ［ (1) ］ という。

□□　発起人は設立時に発行する株式の一部を引き受けるだけで，残りの株式を引き受けてくれる株主を募集する設立の方法を ［ (2) ］ という。

□□　株式会社の意思決定を行う最高意思決定機関は　(3)　である。

□□　株主総会における普通決議は，議決権を行使できる株主の議決権の過半数を定足数とし，出席した株主の議決権の　(4)　をもって行う。

□□　株主総会における特別決議は，議決権を行使できる株主の議決権の過半数を定足数とし，出席した株主の議決権の　(5)　以上をもって行う。

□□　会社から経済的な利益を受けることを目的とする権利を　(6)　という。
　(6)　には，剰余金配当請求権や残余財産分配請求権などがある。

□□　会社の経営に参加することを目的とする権利を　(7)　という。

□□　6か月前から引き続き株式を保有している株主は，会社のために取締役や監査役などに対して責任追及の訴えを起こす権利がある。この訴えのことを　(8)　という。

□□　株主が株式の数にかかわりなく行使できる権利のことを　(9)　という。

□□　一定数以上の株式をもっている株主だけが行使できる権利のことを　(10)　という。

□□　剰余金の配当が普通株よりも遅れてなされる株式のことを　(11)　という。

□□　少なくとも1種類の株式については，株式譲渡制限をしていない株式会社のことを　(12)　という。

□□　定款における会社の商号や目的，手形における支払期日や金額など，法が絶対的に記載を要求している事項を　(13)　という。

□□　分割払いの記載など，記載すると手形そのものが無効となってしまう事項のことを　(14)　という。

□□　手形要件の全部または一部を記載しないで振り出した約束手形を　(15)　という。

□□　「令和○年○月○日」を満期とする手形は　(16)　払いである。

□□　支払いのための呈示のあった日を満期とするものを　(17)　という。

□□　振り出しの日付から手形に記載された期間を経過した日を満期とするものを　(18)　という。

□□　手形において，特定の所持人にのみ主張できる抗弁のことを　(19)　という。

□□　手形において，すべての手形所持人に対して主張できる抗弁のことを　(20)　という。

□□　手形の記載内容を権限なく変更することを手形の　(21)　という。

□□　手形の裏書の方式には，被裏書人を指定して裏書人が署名する記名式裏書と，被裏書人を指定せずに裏書人が署名する　(22)　裏書とがある。

□□　不渡手形の手形代金を手形の裏書人に請求する権利を　(23)　という。

□□　実際に振り出されたのが2月5日で，振り出しの日付が2月15日と記載された小切手のことを　(24)　という。

□□　手形が盗難にあったり紛失した場合であっても，裁判所に　(25)　の申し立てをして，除権判決を受けることにより，手形なしで権利を行使することができる。

企業の責任と法

□□　販売業者が勝手に商品を消費者に送りつけ，代金を請求する販売方法を　(1)　という。

□□　駅前や繁華街の路上などで営業所へ消費者を連れ込み，契約する販売方法を　(2)　という。

□□　「プレゼントに当選したので取りにきてほしい」などの理由で営業所や喫茶店などに消費者を呼び出し，高額な商品や役務(サービス)を契約させる販売方法を　(3)　という。

□□　訪問販売の場合，契約書を受け取った日から8日間は契約を解除することができる。これを　(4)　制度という。

□□　商品代金を2か月以上の期間にわたり3回以上の分割で売買することを　(5)　という。

□□　安全性を欠いた製品によって，消費者の生命，身体または財産に損害が生じた場合に，被害者が製造会社などに対して損害賠償を求めることができることを定めた法律がある。この法律を　(6)　という。

□□　請負人が一定の仕事を完成することを約束し，注文者がそれに対して報酬の支払いを約束する契約を　(7)　という。

□□　労働者が人間らしい生活をするための労働条件の最低基準を定めた法律を　(8)　という。

□□　使用者が，労働時間，賃金などの労働条件を定めたものを　(9)　といい，常時10人以上の労働者を使用する使用者には，作成義務と行政官庁への届出義務が課されている。

□□　労働者が使用者の指示にしたがって労務に服することを約束し，使用者が労務に対して報酬を支払うことを約束する契約を　(10)　という。

□□　労働者委員，使用者委員，公益委員の三者で構成され，公正な第三者の立場で，労働争議のあっせん，調停，仲裁を行い，その解決にあたる機関を　(11)　という。

□□　委任者が法律行為やその他の事務の処理を受任者に依頼し，受任者が自己の知識・技能によってそれを処理することを引き受ける契約を　(12)　という。

□□　職場における男女差別を禁止し，募集や採用，昇給・昇進などの面で男女ともに平等に扱うことを定めた法律は　(13)　である。

商業経済検定試験
分野別問題

1 次の文章を読み，問いに答えなさい。　　　　　　　　　　　　（第25回・第27回一部改題）

　世の中を生きていくには(a)社会の誰もが守らなければならないルールが必要である。このルールには，法をはじめ，(b)慣習や道徳，宗教上の戒律などがある。このなかでも法は，誰もが強制的に守らなければならないものであり，条文の形に書き表されている成文法と，(c)条文の形で書き表されていない不文法の2つに分けることができる。

　現在のわが国では，最高法規である日本国憲法をはじめ(d)民法や刑法など，多くの法が条文の形に書き表されている成文法の形式をとっている。そのため，誰もが法の内容を知ることができ，社会生活におけるトラブルを未然に防止することができる。こうした成文法は，制定する機関や法の適用範囲などにより，法律・命令・(e)条例・規則などに分類することができる。

　法はそれ以外にも，その効力が一般的な範囲か特別な範囲かにより，一般法と特別法に分類することもできる。このとき(f)一般法と特別法の両方に規定がある場合には，特別法が一般法に優先されて適用となる規定などがある。

問1． 下線部(a)を何というか，次のなかから適切なものを一つ選びなさい。
　　ア．行動理念　　イ．社会規範　　ウ．社会秩序

問2． 下線部(b)の例として，次のなかから最も適切なものを一つ選びなさい。
　　ア．ある地域では，郷土芸能として360年間続く和太鼓の伝統文化を継承するため，小学生は全員月1回の練習に参加し，住民は当番制で伝統行事の運営に携わっている。
　　イ．公道で自転車に乗るときは，自転車の安全点検を行い，歩行者に注意しながら，道路の左側を安全に走行しなければならない。
　　ウ．電車の座席が空いていたので座っていたが，途中の駅から乗客が増え空席がなくなり，目の前に幼い子ども連れの母親がいたので，座席を譲った。

問3． 下線部(c)の例として，次のなかから正しいものを一つ選びなさい。
　　ア．規則　　イ．命令　　ウ．判例法

問4． 下線部(d)を法の内容から分類すると，どれにあたるか，次のなかから正しいものを一つ選びなさい。
　　ア．公法　　イ．私法　　ウ．公私混合法(社会法)

問5． 下線部(e)はどのような法か，次のなかから正しいものを一つ選びなさい。
　　ア．内閣総理大臣が制定する法
　　イ．地方公共団体の議会が制定する法
　　ウ．都道府県知事が制定する法

問6．下線部(f)の例として，次のなかから最も適切なものを一つ選びなさい。

ア．商人の間で行われる売買や貸借の契約において，商法と民法に同じ内容の規定がある場合には，商法の規定が優先される。

イ．一般の人々の間で行われる売買や貸借の契約において，商法と民法に同じ内容の規定がある場合には，商法の規定が優先される。

ウ．商人の間で行われる売買や貸借の契約において，商法と民法に同じ内容の規定がある場合には，民法の規定が優先される。

1	問1	問2	問3	問4	問5	問6

(→別冊解答 p.2)

---

2 次の文章を読み，問いに答えなさい。 （第28回一部改題）

休日を利用して自動車で山に向かったＡは，登山道を先に進むと「ここから先は車馬を乗り入れないこと」という看板を目にした。(a)Ａは，この文言の通り「車両と馬は乗り入れてはいけない」と解釈し，近くの駐車場に車をとめて，そこからは歩いていくことにした。

登山道を歩きながらＡは，法の解釈には (b)「牛は車両でも馬でもないから乗り入れてもいい」とする解釈があることを思い出した。また，(c)拡張解釈をした場合にはどうなるのだろうと考えつつ，同じ看板の表記なのに，人の考え方によってさまざまな解釈があると感じた。

問1．下線部(a)のような法の解釈を何というか，漢字２文字を補って正しい用語を完成させなさい。

問2．下線部(b)の解釈として，次のなかから適切なものを一つ選びなさい。

ア．類推解釈　　イ．縮小解釈　　ウ．反対解釈

問3．本文の主旨から，下線部(c)の具体例として，次のなかから適切なものを一つ選びなさい。

ア．ロバは馬のなかに含まれるので通行できないとする解釈

イ．牛は立て看板に規定されていないから通行できるとする解釈

ウ．ベビーカーは車のなかに含まれないので通行できるとする解釈

2	問1		問2	問3
		解釈		

(→別冊解答 p.2)

1 次の文章を読み，問いに答えなさい。　　　　　　　　　　　　（第29回一部改題）

　民法では自然人は生まれると同時に権利や義務の主体となる権利能力を有するとされている。また，法律行為が一人でできる資格を，行為能力という。ただし，例外として，一部の者の行為能力が制限されている。この行為能力が制限されている者を制限行為能力者という。

　制限行為能力者には，未成年者，精神上の障がいにより判断能力を欠く常況にある人，精神上の障がいにより判断力が著しく不十分な人，(a)軽度の精神上の障がいにより，判断能力が不十分な人に分けられる。なお，未成年者とは2022(令和4)年4月以降は18歳未満の人をいい，未成年者を保護するために，法定代理人がつく。

【事例】

　17歳のAは両親の許可を得ずにバイクの購入の契約を行った。しかし，それが両親の知るところとなり，父親はAとともにバイク専門店に行き，「息子は未成年で私の同意を得ずに勝手に契約をしました。だからバイク購入の契約を取り消してください」と申し出た。

　しかし，バイク専門店の店長は「Aさんは契約書にサインをしたので，契約の解除はできません」と拒否した。父親は，「(b)未成年なのに成年と偽って相手を欺く手段を用いたのではないのです。未成年者の行為は，取り消しができるのではないですか」と主張した。父親は，はたして(c)法律上では契約の取り消しができるのだろうか，不安になり，法律相談センターか消費者センターに相談しようと考えている。

問1．下線部(a)を何というか，正しいものを一つ選びなさい。
　　ア．被保佐人　　　イ．被補助人　　　ウ．成年被後見人

問2．下線部(b)を何というか，次のなかから正しいものを一つ選びなさい。
　　ア．過失　　　イ．擬制　　　ウ．詐術

問3．本文の主旨から，下線部(c)の結論として，次のなかから適切なものを一つ選びなさい。
　　ア．Aが法律行為を行うには，原則として保護者の同意が必要である。したがってAが単独で行ったバイクの売買契約は，取り消すことができる。
　　イ．Aが行った行為は，単に権利を得たり義務を免れたりする行為であり保護者の同意が必要である。したがってAが単独で行ったバイクの売買契約は，取り消すことができない。
　　ウ．Aは働いているので，保護者の同意を得なくても，完全に有効な法律行為をすることができる。したがってAが単独で行ったバイクの売買契約は，取り消すことができない。

1	問1	問2	問3

（→別冊解答 p.2）

2 次の文章を読み，問いに答えなさい。 (第29回一部改題)

　私たちは権利の主体としてさまざまな物を財産として支配しており，この支配を通して経済生活を行っている。そして，(a)支配されている財産は主体に対応し，権利の対象物となる。物はさまざまな観点から分類されているが，そのおもな種類は不動産と動産，(b)特定物と(c)不特定物である。

　また，物と物との間には，特別な関係がある場合がある。例えば金庫と鍵のように，一方が他方の使い道を助けるように付属している(d)主物と従物という関係がそれである。

　その他に，ある物が他の物を生み出した場合に，生み出す方の物を元物といい，生み出された方の物を果実という。こうした定義や分類は，民法上の約束ごとであって，日常用語とずれがある面も心得ておかなければならない。

問１．下線部(a)を何というか，次のなかから適切なものを一つ選びなさい。
　　ア．権利の本体　　　イ．権利の客体　　　ウ．権利の移転

問２．下線部(b)および下線部(c)に分類される物の組み合わせとして，次のなかから正しいものを一つ選びなさい。
　　ア．(b)富山県高岡市横田町X丁目Y番地Z号の土地・(c)ジュース１箱
　　イ．(b)スーパーで特売している洗剤・(c)あきたこまちの米10キログラム
　　ウ．(b)画家Aが描いたBという作品・(c)Aさんの登録番号D－59421の自転車

問３．下線部(d)の民法上の取り扱いとして，次のなかから適切なものを一つ選びなさい。
　　ア．売買において，主物が売られても従物は原則として売られたことにならない。
　　イ．売買において，主物が売られると従物も原則として売られたことになる。
　　ウ．売買において，主物と従物が同時に売られることはない。

2
問1	問2	問3

（→別冊解答 p.2）

3 次の文章を読み，問いに答えなさい。 （第25回・第26回一部改題）

　民法第1条は，「私権は，公共の福祉に適合しなければならない。権利の行使及び義務の履行は，信義にしたがい誠実に行わなければならない。(a)権利の濫用はこれを許さない」と定めている。

　また，社会生活を営む上で権利をもつ者や義務を負う者を権利・義務の主体といい，権利・義務の主体となることができる資格を _____ という。この _____ をもつ者は人であり，法律上，人は自然人と法人をいう。

　例として，A子は妊娠しており，夫のBと暮らしていた。Bが病気で亡くなった場合，(b)生まれてくる胎児にも夫の遺産相続ができる権利があるのか，A子はこのような場合はどうなるのか，法律を調べることにした。

問1．文中の _____ にあてはまる語句として，最も適切なものを一つ選びなさい。
　ア．意思能力　　イ．権利能力　　ウ．行為能力

問2．下線部(a)の具体例として，次のなかから適切なものを一つ選びなさい。
　ア．ある温泉地では，他人所有の山から湯の管を通して温泉を引いていた。Xは管が通っている土地を購入し，温泉会社に管を取り除くか，数十倍もの価格で買い取るように要求した。
　イ．Yは，会社の経理課の課長をしていた。会社の現金を無断で使用し，給料日になると，使用した現金をもとの金庫に戻していた。
　ウ．土地付き住宅を所有しているZは転勤をすることになり，この土地付き住宅を売りに出していた。ある日，購入希望者が現れたが，購入した価格よりも高く販売した。

問3．下線部(b)はどのように規定されているか，次のなかから正しいものを一つ選びなさい。
　ア．胎児はまだ生まれていないが，胎児の利益を守るために，生きて生まれることを条件に，損害賠償や親の遺産を相続するときなど一定の場合に限り，権利・義務の主体となることができる資格が認められる。
　イ．胎児はまだ生まれていないが，胎児の利益を守るために，母親の胎内にいるときから生まれているものとみなされ，損害賠償の請求をはじめ，あらゆる権利・義務の主体となることができる資格が認められる。
　ウ．胎児はまだ生まれていないが，胎児の利益を守るために，たとえ胎児のまま死亡しても，母親の胎内にいる期間は生きているとみなされ，その期間はあらゆる権利・義務の主体となることができる資格が認められる。

3	問1	問2	問3

（→別冊解答 p.2）

4 次の文章を読み，問いに答えなさい。　　　　　　　　　　**（第25回一部改題）**

　駐車場を所有するAは，(a)市役所の法律相談窓口で不法占拠車を撤去するにはどうしたらよいか相談したことがあった。そのときは専門家から，「(b)法律的には民事裁判を提起し，車の持ち主に対して強制的に履行を実現する代替執行を行うことができます。また，(c)たとえ不法占拠車といえども，あなたが勝手に撤去することは許されません」と教えてもらった。

　Aが市役所から戻って何か良い案はないかと考えているところに，不法占拠車の持ち主が現れ，注意をしたところ二度と無断駐車しないことを約束した。また(d)やむをえずAが自宅の駐車場の代わりに車をとめた有料駐車場の料金を，自分が負担すると言って支払ってくれた。

問1．下線部(a)は法律上どのような内容についての相談か，次のなかから適切なものを一つ選びなさい。

　　ア．返還請求権の行使　　　イ．妨害予防請求権の行使　　　ウ．妨害排除請求権の行使

問2．下線部(b)の具体例として，次のなかから適切なものを一つ選びなさい。

　　ア．車の持ち主に「撤去しないのなら損害賠償をしなさい」と命じ，心理的圧力を加えること

　　イ．車の持ち主に費用を負担させ，レッカー業者に依頼して不法占拠車を取り除かせること

　　ウ．車の持ち主の意思にかかわらず，裁判所の手によって，不法占拠車を直接取り除くこと

問3．下線部(c)のようなことを何というか，次のなかから適切なものを一つ選びなさい。

　　ア．権利の濫用の禁止　　　イ．自力救済の禁止　　　ウ．私的独占の禁止

問4．下線部(d)で支払った代金は，法律上どのような意味をもつか，次のなかから最も適切なものを一つ選びなさい。

　　ア．不法行為にもとづく損害賠償の支払い

　　イ．不法行為にもとづく慰謝料の支払い

　　ウ．不法行為にもとづく違約金の支払い

4	問1	問2	問3	問4

（→別冊解答 p.2）

⑤ 次の文章を読み，問いに答えなさい。 （第27回一部改題）

　父親から土地を相続したＡは，その土地を確認するために，登記簿謄本をもとにして実際に行ってみた。するとその土地は(a)四方が山林や小川，さらに他人の土地に囲まれており，公道に通じていないことがわかった。そこで，周辺に住んでいるＢ，Ｃ，Ｄに，当時の公道利用についてどのような約束事があったのか聞いてみたが，はっきりとしたことはわからなかった。

　そこで，知り合いの弁護士に相談すると「あなたが相続した土地を利用する方法として，(b)民法第209条から238条にかけて，土地の所有者が互いに協力し，円満に利益の調整がはかられるようにすると規定されています。そのなかで，自分の土地から公道に出るために，他の土地の所有者にその土地の通行を請求することができます」と教えてもらった。

問１．下線部(a)のような土地を何というか，次のなかから適切なものを一つ選びなさい。
　ア．袋地　　イ．囲繞地　　ウ．承役地

問２．下線部(b)の具体例として，次のなかから正しいものを一つ選びなさい。
　ア．隣の石垣がこわれて，今にも自分の土地に崩れてきそうで危険なときは，石垣の所有者にくずれる前に修理するよう請求することができる。
　イ．隣の土地の大木が倒れて，自分の土地の使用が妨害されているときは，裁判所に訴えて取り除くよう請求することができる。
　ウ．隣の土地の竹木の枝が，境界線をこえて出ているときは，竹木の所有者に境界線をこえる部分を切り取るよう請求することができる。

⑤	問1	問2

（→別冊解答 p.3）

⑥ 次の文章を読み，問いに答えなさい。 （第28回一部改題）

　料理人Ａには妻がいる。Ａは「料理の修業をする」と言って家族をおいて家を出た。しかし，その後10年間自宅に帰ってこないので，妻は(a)失踪宣告を請求するために(b)裁判所に行くことにした。

問1　下線部(a)の説明として，次のなかから適切なものを一つ選びなさい。
　ア．ある人の生死不明の状態が，普通失踪は10年間，特別失踪は１年間続いたとき，利害関係人から裁判所に請求することで，その人を死亡したものとみなして扱うことができる制度。
　イ．ある人の生死不明の状態が，普通失踪は10年間，特別失踪は７年間続いたとき，利害関係人から裁判所に請求することで，その人を死亡したものとみなして扱うことができる制度。
　ウ．ある人の生死不明の状態が，普通失踪は７年間，特別失踪は１年間続いたとき，利害関係人から裁判所に請求することで，その人を死亡したものとみなして扱うことができる制度。

問2． 下線部(b)の裁判所を何というか，漢字5文字で正しい用語を記入しなさい。

⑥	問1	問2			

(→別冊解答 p.3)

---

⑦ 次の文章を読み，問いに答えなさい。 （第29回・第30回一部改題）

　現代社会においては，(a)新しい発明や考案，著作など，人間が考え出した無形のものが，経済的に利益をもたらす場合，その支配権が認められている。これは，主に産業上の無形の利益を保護する産業財産権と，思想および感情を創造的に表現する(b)著作権に分類される。

【事例】

　Aはカメラやスマートフォンを取り付けて使用する棒状の器具について調べてみたところ，1980年代にわが国で考案されていることを知った。考案したのはB社で，B社は(c)品物の形や構造または組み合わせの方法などが，産業上利用することができる考案として，この器具の産業財産権を取得していた。しかし，当時のカメラではまだ活用できる環境ではないこともわかった。また，この産業財産権は(d)行政機関に登録をすると出願の日から10年間独占して製造，販売などができるが，すでに30年以上が経過していた。

問1． 本文の主旨から，下線部(a)に記されている権利を総称して何というか，漢字4文字を補って正しい用語を完成させなさい。

問2． 下線部(b)の存続期間は何年か，次のなかから正しいものを一つ選びなさい。
　ア．一部の例外を除いて，著作者の生存中および死後70年間，映画は作品の公表後70年間
　イ．一部の例外を除いて，著作者の公表後70年間，映画も作品の公表後70年間
　ウ．一部の例外を除いて，著作者の生存中および死後35年間，映画は作品の公表後70年間

問3． 下線部(c)に記された産業財産権を何というか，次のなかから正しいものを一つ選びなさい。
　ア．実用新案権　　イ．商標権　　ウ．特許権

問4． 下線部(d)に記されている行政機関はどこか，次のなかから正しいものを一つ選びなさい。
　ア．文化庁　　イ．特許庁　　ウ．消費者庁

⑦	問1				問2	問3	問4
				権			

(→別冊解答 p.3)

1 次の文章を読み，問いに答えなさい。　　　　　　　　　　　　　（第23回一部改題）

　犬好きのＡさんは，柴犬が欲しいと父親にお願いしたところ，「(a)冬休みに毎日お母さんのお手伝いをすることができたら，柴犬を買ってあげる」と約束された。そうしてＡは毎日冬休みにお手伝いをしたので，父親は「柴犬を大切に育てるんだよ」と言って，(b)Ａに柴犬を贈った。その後，Ａは毎日柴犬と遊んでいたが，ある日公園で遊んでいるときに，柴犬が買い物帰りに公園を通りかかったＢに突然吠えて飛びかかった。そのとき，Ｂは飛びかかった柴犬に驚き，購入したばかりの食器を落とした。そのため，食器が壊れたので，Ｂは(c)柴犬の飼い主に責任があるとして，Ａの保護者に食器の購入代金を請求することにした。

問１．下線部(a)のような条件を何というか，次のなかから正しいものを一つ選びなさい。
　　ア．随意条件　　　イ．停止条件　　　ウ．解除条件

問２．下線部(b)は民法上，父からＡに対する贈与契約とされるが，契約の性質から分類した場合，どのような組み合わせになるか，次のなかから正しいものを一つ選びなさい。
　　ア．片務契約・無償契約・諾成契約
　　イ．片務契約・有償契約・要物契約
　　ウ．双務契約・有償契約・諾成契約

問３．下線部(c)に記されている責任を何というか，次のなかから正しいものを一つ選びなさい。
　　ア．共同不法行為者の責任
　　イ．法人の不法行為責任
　　ウ．動物占有者の責任

1

問1	問2	問3

（→別冊解答 p.3）

2 次の文章を読み，問いに答えなさい。　　　　　　　　　　　　　（第24回一部改題）

　日本文学史を研究しているＡは，古書店に行ったときに店主に対して，「１か月後にお金を持ってくるので，先にこの史料を渡してもらえませんか」と申し入れた。しかし，Ｂからは「(a)代金の支払いがないと史料はお渡しできません」と断られた。少しでも早く読みたかったＡは，「では，(b)この史料を１週間くらい有料で，借りることはできませんか」と尋ねてみたものの，Ｂからは「申し訳ありませんが，できません」と断られた。

　そこでＡは，「どうしてもこの史料を手に入れたいのですが何か方法はないでしょうか」とＢに尋ねると，Ｂは「では手付金を支払ってくれないでしょうか」とＡに言った。「手付金とはどのようなものでしょうか」とＡが尋ねると，Ｂは「(c)手付金とは，民法の規定により，お互いの売買契約の履行を確実にするもので，売買契約が履行されるときには売買代金の一部にあてられます」と答えた。

問1． 下線部(a)でBがAの申し入れを断った根拠を何というか，次のなかから正しいものを一つ選びなさい。

ア．検索の抗弁権　　イ．催告の抗弁権　　ウ．同時履行の抗弁権

問2． 下線部(b)のような契約を何というか，次のなかから正しいものを一つ選びなさい。

ア．賃貸借　　イ．消費貸借　　ウ．使用貸借

問3． 下線部(c)はBにとってどのような内容となるか，次のなかから適切なものを一つ選びなさい。

ア．Bは契約の解除をしたい場合は，Aに史料の価格を返還しなければならない。

イ．Bが契約の解除をしたい場合は，Aに手付金の倍額を返還しなければならない。

ウ．Bが契約の解除をしたい場合は，Aに史料の価格の倍額を返還しなければならない。

②	問1	問2	問3

(→別冊解答 p.3)

③ **次の文章を読み，問いに答えなさい。**　　　　　　　　　　　　　　　　（第26回一部改題）

　専業主婦のAが自宅にいたところ，販売員Bが訪れて，怒鳴り声を出して商品の購入を迫った。(a)怖くなったAは，購入する意思のない商品の売買契約書に署名・捺印をさせられた。契約を完了したBはその後Aの自宅から去ったが，Aは帰宅してきた夫に事情を説明した。夫はそもそもその商品の購入はAの意思とは異なるので，(b)この契約は有効なのか，取り消しをすることができるのかを調べ始めた。

問1． 下線部(a)のような意思表示を何というか，次のなかから最も適切なものを一つ選びなさい。

ア．強迫による意思表示　　イ．錯誤による意思表示　　ウ．詐欺による意思表示

問2． 本文の主旨から，下線部(b)の結論として，次のなかから適切なものを一つ選びなさい。

ア．理由はどうであれ売買契約書に署名・捺印をしたので，この契約を取り消すことはできない。

イ．AはBの詐欺によって売買契約書に署名・捺印をしたことから，商品が届く前に限り，この契約を取り消すことができる。

ウ．AはBから強迫されて売買契約書に署名・捺印をしたことから，この契約を取り消すことができる。

③	問1	問2

(→別冊解答 p.3)

4 次の文章を読み，問いに答えなさい。 （第22回一部改題）

　広島県に住んでいるＡは，東京事務所に転勤することとなり，東京在住の友人Ｂにマンション探しを依頼した。Ｂが承諾したので，(a)ＡはＢに委任状を送付し，代わりにマンションの賃貸契約をむすんでもらうように頼んだ。

　Ｂは不動産業者に向かい，(b)ＢはＡの代理人であることを示すために，不動産業者に委任状を見せた。その後すぐに，その不動産業者と賃貸契約をむすんだ。

　帰り際に，その不動産業者から「マンションの近くの駐車場が今なら格安で借りられます。一緒に契約されてはいかがですか」と勧められた。Ｂは「駐車場契約の代理権はＡさんから与えられていません」と答えたが，不動産業者が「Ａさんは必ず喜びますよ」というので，駐車場の賃貸契約をむすんでしまった。Ａはこのことを聞き，とても驚いた。そして，(c)Ａは駐車場の賃貸契約については，代理権を与えていなかったので，この契約は有効なのか調べてみることにした。

問１． 本文の主旨から，下線部(a)のような行為を何というか，次のなかから正しいものを一つ選びなさい。

　　ア．法定代理　　イ．復代理　　ウ．任意代理

問２． 下線部(b)のような行為を何というか，次のなかから正しいものを一つ選びなさい。

　　ア．挙証　　イ．顕名　　ウ．対抗

問３． 本文の主旨から，下線部(c)の結果はどうなるか，次のなかから正しいものを一つ選びなさい。

　　ア．Ｂの代理行為は表見代理となるので，この契約はいかなる場合も有効となる。

　　イ．Ｂの代理行為は無権代理となるので，この契約は無効だがＡが追認した場合には有効となる。

　　ウ．Ｂの代理行為は無権代理となるので，この契約はいかなる場合も無効となる。

4

問1	問2	問3

（→別冊解答 p.3）

次の文章を読み，問いに答えなさい。　　　　　　　　　　　（第29回一部改題）

　　ＡはＢからカメラを借りて撮影を続けてきたが，あまりに長期にわたって借りているので申し訳ない気持ちになった。そこで，ＡはＢに，「借りているカメラを売ってくれないか」と頼んだところ，承諾してくれたので代金を支払った。

　　ところで，動産は引き渡しが所有権移転の対抗要件となる。今回は(a)引き渡しの対象となるカメラをＡが借りていてＡの手もとにあるため，Ｂが「これからはＡのものだよ」と意思表示したことでＡは引き渡しを受けたということになった。

　　数か月後，Ａの自宅にＢの友人Ｃが訪ねてきて「あなたがＢから買ったカメラは，私がＢに３年前から貸していたものなので返してください」と請求してきた。ＡはＢに問い合わせたが，「最近まで忘れていたがＣから借りていたカメラだった」と認める一方で，「受け取った代金はすでに使ってしまい，返金することはできない」とＢはＡに返答した。

　　困ったＡは，法律ではどのように扱われるのかを調べてみた。すると(b)登記や占有という所有権がありそうな外形を信じて取引をした者を保護するためにその権利の取得を認めるという原則があることを知った。そして，日常ひんぱんに取引される動産に関しては登記のように所有権を明確にする制度がないため，取引の迅速と安全のために，動産の即時取得が定められているという。

　　後日，Ａはこれらの調べたことをもとに，(c)民法で解決をはかる場合におけるカメラの所有権と，損害を受けた者の賠償について，Ｃに説明することにした。

問１． 下線部(a)のような引き渡しの方法を何というか，次のなかから正しいものを一つ選びなさい。
　ア．現実の引き渡し　　　イ．簡易の引き渡し　　　ウ．占有改定

問２． 下線部(b)を何というか，漢字２文字を補って正しい用語を完成させなさい。

問３． 本文の主旨から，下線部(c)の内容として，次のなかから適切なものを一つ選びなさい。
　ア．善意・無過失であるＡはカメラの所有権を取得したことになるため，Ｃにカメラを返還する
　　　必要はない。なお，ＣはＢにその損害賠償を請求することができる。
　イ．善意・無過失であるＡはカメラの所有権を取得したことにならないため，Ｃにカメラを返還
　　　する必要がある。なお，ＡはＢにその損害賠償を請求することができる。
　ウ．善意・無過失であるＡはカメラの所有権を取得したことになるため，Ｃにカメラを返還する
　　　必要はない。なお，ＣはＢにその損害賠償を請求することはできない。

5	問1	問2			問3
		物権変動における		の原則	

(→別冊解答 p.3)

6 次の文章を読み，問いに答えなさい。 （第27回一部改題）

　Aは(a)新しく建てた家屋の登記を，B建築会社と提携している司法書士に頼み，後日に登記を済ませた司法書士から登記簿の写しを受け取った。これには家屋の住所や所有者の名前，銀行による(b)抵当権の設定についての記載がなされていた。Aは家屋を建てるという夢がかない，仕事に一層励むようになった。

　しかし，引き渡しを受けたときには気づかなかったが，1か月が経過したある日，大雨が降ったときに屋根から雨漏りしていることにAは気づいた。B建築会社とかわした工事請負契約書には，プラスティックガラスシートによる完全防水工事を施工する旨が記載されていたので，(c)Aは，雨漏りを知ってから民法で定められた期間内に修繕の請求をした。このように，売買の目的物が完全でなかった場合には，(d)売り主の担保責任が生じる。

　雨漏りの被害を受けたAは，「もし売買契約が成立して，家屋の引き渡しが済まないうちに，落雷によって家屋が焼失してしまった場合，家屋の引き渡しが不可能になるので，(e)家屋の代金の支払いはどうなるのだろうか」と考えた。なお，特約はなかったものとする。

問1． 下線部(a)のような登記の種類を何というか，次のなかから正しいものを一つ選びなさい。
　　ア．移転登記　　イ．保存登記　　ウ．仮登記

問2． 本文の主旨から，下線部(b)の説明として，次のなかから最も適切なものを一つ選びなさい。
　　ア．Aが住んでいる家屋を住宅ローンの担保とし，弁済しない場合は，提携している郵便局が家屋の持ち主となって借り主を探し，家賃で優先的に弁済を受ける権利
　　イ．Aが住んでいる家屋を住宅ローンの担保とし，弁済しない場合は，銀行が家屋を信用保証協会に売却して，優先的に弁済を受ける権利
　　ウ．Aが住んでいる家屋を住宅ローンの担保とし，弁済しない場合は，銀行が家屋を競売して優先的に弁済を受ける権利

問3． 下線部(c)に記された期間は何年以内か，次のなかから正しいものを一つ選びなさい。
　　ア．1年以内　　イ．2年以内　　ウ．3年以内

問4． 本文の主旨から，下線部(d)を何というか，次のなかから適切なものを一つ選びなさい。
　　ア．契約（内容）不適合責任　　イ．追奪担保責任　　ウ．払込担保責任

問5． 下線部(e)の結論として，次のなかから正しいものを一つ選びなさい。
　　ア．家屋を引き渡す前だが，危険（損害）は買い主が負担するので買い主は代金を支払う。
　　イ．家屋を引き渡す前だが，どちらにも過失がないので売り主と買い主が折半で代金を負担する。
　　ウ．家屋を引き渡す前なので，買い主は代金の支払いを拒絶して契約を解除できる。

6	問1	問2	問3	問4	問5

（→別冊解答 p.4）

次の文章を読み，問いに答えなさい。　　　　　　　　　　　　　　　（第27回一部改題）

　　Aは借地権が設定されている土地を借りて持ち家に住んでいる。Aは毎月，地代を支払っているが，Aが借りている土地に設定されているのは普通の借地権と違って，存続期間を50年以上とする(a)長期型の定期借地権である。持ち家は，アパートと比較して入居する際に(b)敷金や保証金，権利金を支払ったり，月ごとに家賃を支払ったりする必要がないので，今の持ち家でゆっくり老後を楽しみたいと考えている。

　　ところで，AにはBという隣人がいる。AとBは，物の貸し借りをする間柄である。先日もAが好きな小説家や作品の話をすると，興味をもったBは(c)Aからその書籍を無償で借りて数週間後に返却した。また，普段から一緒にスーパーマーケットへ買い物に行ったり，料理学校へ通ったりしている。AはBとは，これからも良好な近所づきあいをしたいと願った。

問1．下線部(a)の説明として，次のなかから適切なものを一つ選びなさい。

　ア．土地の借り主は建物の買い取り請求はできないが，契約期間が終了する前に建物を建築している場合は契約の更新を認められる借地権のこと。

　イ．土地の借り主は建物の買い取り請求ができ，契約期間が終了しようとしても，契約の更新をしないことを定めることが認められる借地権のこと。

　ウ．土地の借り主は建物の買い取り請求ができず，契約期間が終了しようとしても，契約の更新をしないことを定めることが認められる借地権のこと。

問2．下線部(b)の説明として，次のなかから適切なものを一つ選びなさい。

　ア．不動産の賃借人が，家賃の滞納や家屋の損害などの担保として賃貸人に差し入れる金銭で，滞納や損害を差し引いて，賃貸借契約の終了後に返還される。

　イ．不動産の賃借人が，賃貸借期間が一定期間存続することを確約し，賃貸人に差し入れる金銭で，あらかじめ約束した一定期間後に返還される。

　ウ．不動産の賃借人が，賃借権を与えられていることに対して，賃貸人に対して差し入れる金銭で，賃貸借期間の終了後も返還されない。

問3．下線部(c)のような物の貸借の契約を何というか，漢字で正しい用語を記入しなさい。

7	問1	問2	問3

（→別冊解答 p.4）

希望する大学に合格したＡのために，父親はＡが欲しがっていた文学全集を購入し，届けてもらうことにした。文学全集が家に届いて本の中身を確認すると(a)途中のページが抜けており，父親は書店の店主が債務を履行していないと考えた。父親は本を持って書店に行き，店主に「ページが抜けていたので，代わりの本はありませんか」と尋ねた。しかし書店の店主によると在庫はなく，父親は契約を解除することにした。そこで店主は，「お客様が契約解除をすると，(b)原状回復義務が発生してしまいますが，本当に申し訳ございません」と言って，父親に謝罪をした。

問１．下線部(a)のような債務不履行を何というか。

　ア．履行遅滞　　　イ．履行不能　　　ウ．不完全履行

問２．本文の主旨から，下線部(b)の具体例として，次のなかから適切なものを一つ選びなさい。

　ア．父親は買った本を書店の店主に返還し，書店の店主は父親から受け取っていた代金を返還して，契約する前の状態に戻すこと。

　イ．父親は新しい本が入荷するまで本を預かり，書店の店主は代金を返還せずに本を納入したときに，本を取り替えて契約をしたときの状態に戻すこと。

　ウ．父親は買った本を書店の店主に返還せず，書店の店主は割引販売をし，代金の一部を受け取って契約を締結すること。

8	問1	問2

（→別冊解答 p.4）

物による担保物権とは，債権者が，債務者または第三者の特定の財産上に，優先的な権利をもつことによって，債務を履行させようとする制度である。担保物権には当事者間の契約によって生ずる約定担保物権と，法律の規定によって当然に認められる(a)法定担保物権とがある。

【事例】

Aは，仕事の都合で引越しをしなければならず，一時的に資金が必要となった。そこで，日本製やスイス製など高級腕時計を所有しているAは仕方なく，近所の質店で，1本の時計を担保として現金を借りようと考えた。

質店に入ると店主に50万円で買った腕時計を渡して査定してもらった。すると20万円になると言われたので時計を担保として預け，(b)Aが腕時計を戻すための期日を決めて，Aが弁済期を過ぎても腕時計を戻すための現金を返済しない場合，腕時計は質店の所有物となるという，質屋営業法によって認められている契約をむすんだ。Aは受け取った現金を財布に入れ，自転車で家に帰り，洋服から財布を取り出そうとしたが，(c)財布がないことに気が付いた。

翌日Aが警察に行くと，紛失した財布が届けられていたので所定の手続きをすませて紛失した財布を受け取った。警察官は「財布が善良な人に拾われてよかったですね。また，(d)落とした人がわからず，遺失物法や民法による一定期間を過ぎると，拾った人が所有権を取得する場合も多いのです」と話した。

問1．下線部(a)の具体例として，次のなかから正しい組み合わせを一つ選びなさい。

　ア．地役権・永小作権　　イ．留置権・先取特権　　ウ．地上権・質権

問2．下線部(b)の契約を何というか，漢字2文字を補って正しい用語を完成させなさい。

問3．下線部(c)は法律上，どのような事例か，次のなかから適切なものを一つ選びなさい。

　ア．遺失物における，占有改定に関する事例

　イ．遺失物における，動産の即時取得に関する事例

　ウ．遺失物における，契約によらない財産権の変動に関する事例

問4．下線部(d)の内容について，次のなかから最も適切なものを一つ選びなさい。

　ア．遺失物の拾得者が警察に届け出て警察署で公告をしてから，6か月以内に所有者が現れなければ，拾得者が遺失物の所有権を取得する。

　イ．遺失物の拾得者が警察に届け出て警察署で公告をしてから，3か月以内に所有者が現れなければ，拾得者が遺失物の所有権を取得する。

　ウ．遺失物の拾得者が警察に届け出て裁判所で公告をしてから，6か月以内に所有者が現れなければ，拾得者が遺失物の所有権を取得する。

9	問1	問2		問3	問4
			契約		

（→別冊解答 p.4）

10 次の文章を読み，問いに答えなさい。 （第13回一部改題）

民法は，(a)他人の所有する土地を，一定の制限内で使用・収益することを内容とする物権として，(b)①地上権，②地役権，③永小作権，④入会権の4種類を定めている。

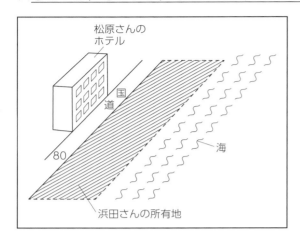

【事例】

松原さんは，海に面する景勝地でホテルを経営している。松原さんのホテルと海の間には，図のように国道をはさみ，浜田さんの所有地があり，浜田さんが高い建物を建てると，ホテルからの眺めがさえぎられてしまう。窓からの眺望が楽しめなくなれば松原さんのホテルにとっては経営上の痛手になることから，浜田さんに頼み，3階以上の建物を建てないとする設定契約をむすんだ。

問1．下線部(a)を何というか，次のなかから適切なものを一つ選びなさい。

ア．担保物権　　イ．完全物権　　ウ．用益物権

問2．事例に関し，松原さんが浜田さんと設定した契約は何という権利にもとづく契約か，下線部(b)のなかから正しいものを一つ選び番号で記入しなさい。

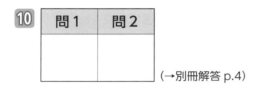

（→別冊解答 p.4）

11 次の文章を読み，問いに答えなさい。 （第19回一部改題）

Aは，以前からマンションを購入したいと考えていたが，自分が気に入る物件はどれも高額でなかなか手が出せなかった。最近Aは知り合いのBから「(a)地方裁判所では，債務者の財産を差し押さえて競売にかけ，その代金を債務の弁済にあてる手続きを行っている。競売にかけられる不動産は実勢価格よりもかなり安く落札される」と聞いて，競売に参加してみることにした。

さっそく競売されている物件を探すと，Aは気に入った物件を見つけ，すぐに入札した。後日，Aのもとに裁判所から落札との連絡があり，Aは代金を支払い，(b)所有権を自分のものとする登記を済ませた。

問1．下線部(a)に示される強制執行を何というか，次のなかから正しいものを一つ選びなさい。

ア．直接強制　　イ．代替執行　　ウ．間接強制

問2．下線部(b)を何というか，次のなかから正しいものを一つ選びなさい。

ア．保存登記　　イ．移転登記　　ウ．仮登記

（→別冊解答 p.5）

社会人のＡは自宅を改装して喫茶店を開業するために，開業資金として500万円をＢから借り入れることにした。しかしＢはＡが弁済できない場合に備えて，担保を要求した。

そこで(a)Ａは自宅の建物に抵当権を設定する契約をむすぶことにした。ところがＢがそれでは不十分だというので，(b)Ａは叔父のＣに依頼し，主たる債務者であるＡと連帯して債務の履行を保証する契約を締結し，公正証書を作成した。

その後，弁済期をむかえ，ＢはＡに借入金の弁済を求めたところ，Ａの財産は自宅と喫茶店の運転資金しかなく，弁済ができない状態だった。そこでＢはＣに対して，Ａに代わって借入金を支払うように求めた。このためＣは，(c)Ａの自宅の建物を競売にかければ500万円程度の回収は容易であることから，主たる債務者であるＡの財産に対して強制執行するべきだと主張する権利があるのかを調べることにした。その結果，そもそもＣにはそれを主張する権利はないことがわかり，結局，ＣはＡに代わって借入金を弁済することにした。

問１．本文の主旨から，下線部(a)によってＢにどのような効力が発生するか，次のなかから適切なものを一つ選びなさい。

　ア．自宅の建物のなかにある家具や家電製品などの財産の所有権を，Ａが使用したままＢに譲渡することによって，債権の担保とすることができる。

　イ．自宅の建物の財産価値が，Ｂを含む複数の債権者の債権の合計額より少ない場合，それぞれの債権額に比例して全員が弁済を受けることができる。

　ウ．自宅の建物をＡが占有したまま債権の担保とし，Ａが弁済期に弁済しない場合に，Ｂがその建物を競売して得た代金から他の債権者に優先して弁済を受けることができる。

問２．下線部(b)のような人的担保を何というか，次のなかから適切なものを一つ選びなさい。

　ア．保証債務　　　イ．連帯保証債務　　　ウ．連帯債務

問３．下線部(c)のような権利を何というか，次のなかから適切なものを一つ選びなさい。

　ア．検索の抗弁権　　　イ．催告の抗弁権　　　ウ．同時履行の抗弁権

⑫	問1	問2	問3

（→別冊解答 p.5）

13 次の文章を読み，問いに答えなさい。　　　　　　　　　　　　

　飲食店に勤務しているＡは，注文を受けてバイクで配達をしていた。住宅街を運転していると自転車に乗った少年が飛び出してきた。とっさにブレーキをかけたが，ハンドルに少年の腕があたり，けがをさせた。Ａはすぐに救急車を呼んで，少年を病院に搬送した。

　Ａと飲食店のオーナーは入院した少年の親に会いに行き，謝罪をした。親は飲食店のオーナーに「(a)Ａさんは仕事中に交通事故を起こしており，あなたが責任者としての注意を怠って運転させていたならば，息子に対して責任をとるのは店であると思います」と言って，財産的な損害賠償金とともに(b)生命や身体が危険にさらされたことによる精神的な損害について，民法の規定にある賠償金を請求した。

　オーナーは(c)自動車損害賠償責任保険（自賠責保険）と他の保険会社の自動車保険にも加入していたので，すぐに事故の内容を保険会社へ報告した。

　保険会社の社員と少年の親が会って損害賠償の話をした。少年が急に飛び出して，とっさによけきれなかったという実況見分調書や保険会社の社員の説明により，(d)過失相殺をして両者が納得できる金額を保険会社が支払うということで親も了承した。

問１．本文の主旨から，下線部(a)に記されている責任を何というか，次のなかから適切なものを一つ選びなさい。

　　ア．共同不法行為責任　　　イ．使用者責任　　　ウ．挙証責任

問２．下線部(b)を何というか，次のなかから適切なものを一つ選びなさい。

　　ア．見舞金　　　イ．扶助料　　　ウ．慰謝料

問３．下線部(c)の内容として，次のなかから適切なものを一つ選びなさい。

　　ア．歩行者が，自動車による交通事故の被害にあったときや病気のために加入する強制保険

　　イ．自動車を所有する者が，法律にもとづき必ず加入しなければならない強制保険

　　ウ．自動車を所有する者が，任意によって加入する任意保険

問４．下線部(d)の内容として，次のなかから適切なものを一つ選びなさい。

　　ア．加害者が，不法行為によって損害賠償金を支払う場合，被害者にも過失があれば賠償額を減額されること。

　　イ．加害者が，不法行為によって他人の権利に対する侵害行為をした場合，故意や過失があっても，損害賠償の責任は負わないということ。

　　ウ．加害者が，不法行為によって損害賠償金を加害者の過失により多く支払った場合，利益を得る被害者に損害賠償金を返還させること。

13

問1	問2	問3	問4

（→別冊解答 p.5）

1 次の文章を読み，問いに答えなさい。 （第22回・第28回一部改題）

　Aは高齢者向け在宅配食サービスの個人事業主である。売上高が増加してきたことから，(a)Aは，個人企業から株式会社にすることにし，株式会社設立のための事務手続きを一人で行った。定款に(b)①目的，②商号，③本店の所在地，④設立に関して出資される財産の価額またはその最低額，⑤発起人の氏名又は名称及び住所の事項を記載または記録しなければならないことに留意しつつ公証人の認証を受けた。その後，会社の設立時に発行する株式の一部をAが引き受け，残りは従業員と友人に引き受けてもらった。その後，出資の履行，検査役による現物出資の調査を完了させ，遅滞なく創立総会を招集した。そして，手続きの最後となる設立登記をし，Aの個人企業は法人として設立された。

問１．下線部(a)に関して，Aの立場を何というか，次のなかから適切なものを一つ選びなさい。

　ア．公証人　　　イ．発起人　　　ウ．会計監査人

問２．下線部(b)の５つの事項は何と呼ばれているか，次のなかから正しいものを一つ選びなさい。

　ア．絶対的記載事項（必要的記載事項）　　　イ．相対的記載事項　　　ウ．任意的記載事項

問３．本文の主旨から，Aが行った会社の設立方法を何というか，正しい用語を漢字４文字で記入しなさい。

1	問1	問2	問3		

（→別冊解答 p.5）

2 次の文章を読み，問いに答えなさい。 （第29回一部改題）

　株式を購入して株主になると，どのような権利が得られるのかを考えてみよう。まず(a)剰余金の配当を受ける権利がある。次に，株主総会における決議に加わることができる。例えば(b)取締役や監査役を選任する決議に対し，原則として１株につき１個の議決権を行使することができる。さらに(c)6か月前から引き続き株式を保有している株主は，会社のために取締役や監査役などに対して責任追及の訴えを起こす権利も得ることができる。

問１．下線部(a)のような株主の権利を何というか，次のなかから適切なものを一つ選びなさい。

　ア．自益権　　　イ．共益権　　　ウ．少数株主権

問２．下線部(b)を決議する方法として，次のなかから適切なものを一つ選びなさい。

　ア．普通決議　　　イ．特別決議　　　ウ．特殊の決議

問３．下線部(c)を何というか，漢字４文字を補って正しい用語を完成させなさい。

2	問1	問2	問3			
			株主の			

（→別冊解答 p.5）

3 次の文章を読み，問いに答えなさい。　　　　　　　　　　　　　（第30回一部改題）

　X社はY社に2,000万円分の商品を販売し，代金としてY社が振り出した約束手形を受け取った。見ると，支払期日の記載がない手形だった。AはY社が後日，受取人に補充する権利を与えるために，(a)手形要件の全部または一部を記載しないで振り出した約束手形なのだと思い，Y社に尋ねたところ，記入漏れだということがわかった。X社はY社に(b)令和○8年2月4日の木曜日を支払期日として記入してもらった。後日，X社はZ社から商品を仕入れて，この手形を裏書譲渡した。

　しかし，満期日を過ぎたある日，(c)Z社から，「受け取っていたY社の振り出した手形は不渡りになったのですが，X社に手形代金を請求する権利があります」との連絡があった。X社はZ社に手形代金を支払い，Y社に手形代金の請求を行うことにした。

問1．本文の主旨から，下線部(a)を何というか，漢字4文字で正しい用語を記入しなさい。

問2．下線部(b)の支払呈示期間について，次のなかから正しいものを一つ選びなさい。
　　ア．2月4日(木)から5日(金)までの2取引日
　　イ．2月4日(木)から8日(月)までの3取引日
　　ウ．2月4日(木)から16日(火)までの11取引日

問3．本文の主旨から，下線部(c)を何というか，次のなかから適切なものを一つ選びなさい。
　　ア．求償権　　　イ．財産管理権　　　ウ．遡求権

3	問1			問2	問3

（→別冊解答 p.5）

企業の責任と法

1 次の文章を読み，問いに答えなさい。　　　　　（第23回・第29回・第30回一部改題）

　現代社会では，人は働くことで，社会に貢献し，その社会的責任を果たしている。その働くということ，つまり労務に関して，民法上，雇用・(a)請負・委任の3つの類型がある。

　なかでも雇用については，雇う方が雇われる方より有利な立場に立って雇用契約をむすぶことが考えられる。そこで，労働者の利益を守り，人間らしい生活を確保するため，国が労働条件の最低基準を定め，□□□□□，労働組合法，労働関係調整法の労働三法を制定している。

　企業はこうした法令を遵守することはもちろんだが，(b)就業規則や労災保険，(c)健康保険，厚生年金保険などの制度も整え，従業員の労働環境に気を配る必要がある。

問1．下線部(a)において，請負人がむすぶ契約はどのような内容か，次のなかから最も適切なものを一つ選びなさい。
　　ア．使用者の指示で働くことを約束し，使用者がそれに対して賃金の支払いを約束する契約
　　イ．一定の仕事を完成することを約束し，注文者がそれに対して報酬の支払いを約束する契約
　　ウ．法律行為やその他の事務処理を約束し，依頼者がそれに対して報酬の支払いを約束する契約

84

問2．文中の 　　　　　 に入る法律名を漢字5文字で記入しなさい。

問3．下線部(b)の内容として，次のなかから最も適切なものを一つ選びなさい。
　　ア．利害関係者に対して，情報開示をし，説明責任を果たすことなどに関する規則類のこと
　　イ．ビジネスの世界で達成したい理想や，夢を含んだ考え，目標などに関する規則類のこと
　　ウ．労働者が守らなければならない規律や，労働時間，賃金などに関する規則類のこと

問4．下線部(c)の内容として，次のなかから最も適切なものを一つ選びなさい。
　　ア．失業や育児休業を保険の対象とし，保険料は事業主と被保険者の折半負担とする。
　　イ．業務上の疾病や負傷を保険の対象とし，保険料は事業主の全額負担とする。
　　ウ．業務外の疾病や負傷を保険の対象とし，保険料は事業主と被保険者の折半負担とする。

1	問1	問2				問3	問4

(→別冊解答 p.6)

2 次の文章を読み，問いに答えなさい。

　　Aの自宅に，注文をした覚えがない健康食品と請求書がB販売業者から送られてきた。Aは家族のだれかが注文をしたのかと思い，その宅配便を受け取ってしまったが，A自身はもちろん家族の誰も注文をしていないという。AはB販売業者に何度も電話をしたが，つながらない。そこで，このような場合法律的にはどう解決すればよいのかを，Aは調べてみることにした。

問1．本文の主旨から，下線部の結論として，次のなかから適切なものを一つ選びなさい。
　　ア．健康食品を返送していない以上，売買契約は成立するので，代金を支払わなければならない。
　　イ．健康食品を返送する義務も代金を支払う必要もなく，健康食品についてはただちに処分することができる。
　　ウ．健康食品を受け取ってから14日間が経過しないうちに健康食品を食べてしまったら，購入の承諾とみなされる場合がある。

問2．本文の主旨から，B販売業者が行った販売方法を何というか，次のなかから適切なものを一つ選びなさい。
　　ア．ネガティブオプション　　イ．マルチ商法　　ウ．キャッチセールス

2	問1	問2

(→別冊解答 p.6)

3 次の文章を読み，問いに答えなさい。 （第25回一部改題）

25歳の会社員Aは，休日に，(a)駅前を通行していると，エステティックサロンの店員に「アンケートに答えてくれませんか」と呼び止められ，近所の喫茶店に同行してアンケート用紙に記入することになった。その際，エステティックサロンの店員から，「もっと綺麗になりませんか」と話をされ，30万円の美容器具の購入を勧められた。

Aは，自分にとって30万円は高額なため購入を断った。すると店員から「(b)毎月3万円ずつ10回の支払いで購入することができます」と勧められた。そのときAは，毎月3万円なら支払うことができると思い，店員に言われるままに，クーリング・オフの説明のある契約書にサインをした。

(c)後日，Aの自宅に美容器具が送られてきた。Aは，開封する前に冷静に考え，自分には必要のないものと判断した。そして，一度も使っていないので，契約解除する方法はないかと調べた。

問1．下線部(a)のような販売方法を何というか，次のなかから最も適切なものを一つ選びなさい。

　ア．マルチまがい商法　　イ．キャッチセールス　　ウ．ネガティブオプション

問2．下線部(b)のような販売方式を何というか，次のなかから適切なものを一つ選びなさい。

　ア．割賦販売　　イ．試用販売　　ウ．予約販売

問3．下線部(c)の結論として，次のなかから適切なものを一つ選びなさい。

　ア．Aとエステティックサロンとの同意による契約であるので，契約解除はできない。

　イ．Aがエステティックサロンとの契約書を受け取った日から，8日以内なら契約解除ができる。

　ウ．Aは自宅に届いた美容器具を使用していないので，いつでも契約解除をすることができる。

3

問1	問2	問3

（→別冊解答 p.6）

第1回
商業経済検定試験問題
〔経済活動と法〕

解答上の注意

1．この問題のページはp.88からp.104までです。

2．解答はすべて別紙解答用紙(p.153)に記入しなさい。

3．文字または数字で記入するもの以外はすべて記号で答えなさい。

4．選択問題Ⅰ〔会社に関する法〕・選択問題Ⅱ〔企業の責任と法〕は
　　2分野のうち1分野を解答すること。2分野を解答した場合は，
　　選択問題すべてを無効とします。

5．計算用具や六法全書などの持ち込みはできません。

6．制限時間は50分です。

1 次の文章を読み，問いに答えなさい。

　社会生活を秩序正しく円滑に営んでいくためには(a)社会を構成するそれぞれの人が誰しも守らなければならない一定のルールが必要になる。このようなルールには，法をはじめとして慣習や道徳などがある。特に法は，慣習や道徳とは異なる特質をもっている。

　こうした法はさまざまな基準から分類し，体系づけることが可能である。例えば，公法と私法に分類する基準や成文法と不文法に分類する基準などがある。成文法のなかでも法律は，国会において制定され，政府はその内容を国民に周知させるために，(b)法律の公布の役割をもつ国の機関紙に条文を掲載する。公布された後に，(c)法律の効力が現実に発生し，これによって社会生活の秩序の維持がはかられることになる。

問1． 下線部(a)を何というか，次のなかから適切なものを一つ選びなさい。
　　ア．社会通念　　イ．社会秩序　　ウ．社会規範

問2． 下線部(b)を何というか，次のなかから正しいものを一つ選びなさい。
　　ア．定款　　イ．官報　　ウ．白書

問3． 下線部(c)を何というか，正しい用語を漢字2文字で記入しなさい。

2 次の文章を読み，問いに答えなさい。

　法には独特の言い回しや表現があり，多くの人にとっては難しく感じる部分がある。そうした法に特有の(a)字句や文章の意味を文字通りに明らかにしていくことは，法を勉強する上で最も基本的なこととなる。

　しかし，法の立法目的やほかの法文との関係，法全体の立場などを考慮して論理的に法を解釈していく必要性もある。これを論理解釈という。例えば，(b)「冬季通行禁止」という看板があった場合に，「夏や春，秋には通行ができる」と解釈するような場合である。

問1． 下線部(a)を何というか，漢字2文字を補って正しい用語を完成させなさい。

問2． 下線部(b)のような解釈のしかたを何というか，次のなかから適切なものを一つ選びなさい。
　　ア．法文で定めていない事柄について，逆に解釈する反対解釈
　　イ．法文の趣旨を考えて，意味を狭めて解釈する縮小解釈
　　ウ．類似するほかの法文から推しはかって解釈する類推解釈

3 次の文章を読み，問いに答えなさい。

(a)Aの土地は四方を他人の土地や森林に囲まれており，公道に出ることができない。そこでAはBの土地の一部を利用させてもらい，公道に出ることにした。

さらにBの土地には大きな木が植えられており，時間が経過するにつれてAの土地に枝と根が伸びてきた。(b)AはそのことについてBに苦情を言いたいが，土地を利用させてもらっているので言い出しにくい状況にある。

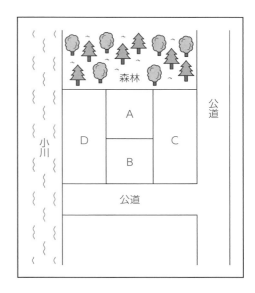

問1．下線部(a)のような土地を何というか，次のなかから適切なものを一つ選びなさい。
　ア．囲繞地　　イ．承役地　　ウ．袋地

問2．下線部(b)のような状況のもとで，Aは民法の範囲内でどのように対処することが可能か，次のなかから適切なものを一つ選びなさい。
　ア．Aは自分で枝を切ることも根を切ることもできない。
　イ．Aは自分で枝を切ることも根を切ることもできる。
　ウ．Aは自分で枝を切ることはできないが，根を切ることはできる。

4 次の文章を読み，問いに答えなさい。

近代社会における法が認める原則の一つに，契約の内容や条件，方式などを自分の意思で自由に決定できるという原則がある。これは取引を自由にすることによって，当事者が合理的な競争を行い，それが社会全体の利益につながると考えられているためである。

しかし，こうした原則があるとはいっても，完全な自由というわけではない。例えば強行法規に反する契約や公序良俗に反する契約は無効とされている。また，経済的な弱者と強者との格差が拡大するにつれて，一般法としての民法をそのまま適用するのではなく，借地借家法や消費者保護法など別に法律をつくって必要な制限を行うことで，それらの法律が民法に優先して適用されるようになっている。こうした法律を 　　　　　 という。

問1．下線部のような原則を何というか，次のなかから適切なものを一つ選びなさい。
　ア．営業自由の原則　　イ．契約自由の原則　　ウ．引受呈示自由の原則

問2．文中の 　　　　　 にあてはまる語句を漢字3文字で記入しなさい。

5 次の文章を読み，問いに答えなさい。

　人の場合には，出生から死亡するまで権利能力は存続する。ただし，行方不明などによって長期間にわたり生死が不明な場合には，その人の権利や義務を放置しておくと財産関係や身分関係の整理がつかなくなり，多くの利害関係者に迷惑をかけることになる。例えば行方不明者の土地を売却する場合や行方不明者に貸しつけたお金の回収といった問題である。そこで，その行方不明になった人の権利と義務を整理する制度がある。この制度を失踪宣告といい，失踪宣告を利用する場合，家族などの利害関係者が(a)裁判所に請求して失踪宣告を受け，その人を死亡したものとみなして法律関係を終わらせる。この失踪宣告には，普通失踪と(b)特別失踪の2種類がある。

問1．下線部(a)に相当する裁判所として，次のなかから適切なものを一つ選びなさい。

　ア．高等裁判所　　　イ．家庭裁判所　　　ウ．簡易裁判所

問2．下線部(b)の説明として，次のなかから適切なものを一つ選びなさい。

　ア．記憶が突然失われ，正当な理由もなく突発的に家出や蒸発をくり返すような病気が原因となる失踪のことを特別失踪という。

　イ．雪崩や船舶，航空機の事故にまきこまれて遭難するといった日常に発生しない事故に起因して失踪することを特別失踪という。

　ウ．多額の借金を抱えたり，人間関係において深刻なトラブルを抱え込むといった要因があり，事件性が疑われる失踪のことを特別失踪という。

6 次の文章を読み，問いに答えなさい。

　自分の意思にもとづいて権利・義務を発生させる行為を法律行為という。この前提として意思能力の存在がある。意思能力とは，自分の行為の結果を正常に判断できる能力のことである。したがって意思能力のない人が行った法律行為は無効となる。

　そのため意思能力がない状態で不利な取引を行った場合には，意思能力がなかったことを理由として，取引の無効を主張することができる。しかし，意思能力がなかったことの証明は簡単ではない。そこで，民法は能力が不十分な人を定型化して，一部の者の行為能力を制限した。この行為能力が制限されている者を制限行為能力者という。

　制限行為能力者は，未成年者，精神上の障がいにより意思能力を欠く状態がおおむね継続している者，精神上の障がいにより意思能力が著しく不十分な者，(a)軽度の精神上の障がいにより判断能力が不十分な者に分けられる。

【事例】

　17歳のＡは大の車好きで，休日には自動車免許も持っていないのに，自動車販売店によく出かけていた。そのうちにスポーツカーが欲しくなり，親には内緒で自動車販売店で書類に名前と住所，年齢を記入して署名と押印を行い，スポーツカーの購入手続きを完了した。その翌日，父親にスポーツカーを購入したことを話したところ，父親が購入に反対し，売買契約を取り消すことにした。

　しかし，自動車販売店では契約書にＡの署名と押印があることから契約の解除に応じてくれない。父親はＡに，(b)未成年なのに成年と偽って相手を欺く手段を用いていないかどうかを確認するとともに，(c)民法上，契約の取り消しができるのかどうか，知り合いの弁護士に相談することにした。

問１．下線部(a)を何というか，正しいものを一つ選びなさい。
　ア．成年被後見人　　イ．被補助人　　ウ．被保佐人

問２．下線部(b)を何というか，正しいものを一つ選びなさい。
　ア．詐術　　イ．過失　　ウ．擬制

問３．本文の主旨から，下線部(c)の結論として，次のなかから適切なものを一つ選びなさい。
　ア．Ａはしっかりした性格なので，保護者の同意を得なくても完全に有効な法律行為ができる。したがって，Ａが単独で行った売買契約は取り消すことができない。
　イ．Ａが行った行為は，単に権利を得たり義務を免れたりする行為なので保護者の同意が必要である。したがってＡが単独で行った売買契約は取り消すことができない。
　ウ．Ａが法律行為を行うには，原則として保護者の同意が必要である。したがってＡが単独で行った売買契約は，取り消すことができる。

7 次の文章を読み，問いに答えなさい。

物と物との間には，特別な関係が認められる場合がある。例えば2つ以上の独立した物がお互いに経済的効用を補いあっている場合に，その補われている物を(a)主物といい，補っている物を(b)従物という。

また，ある物が他の物を生み出す場合には，物から生じた経済的収益に相当する物を果実，果実を生じる物を元物という。さらに果実には，元物から自然に生み出される天然果実と，賃料や利息など物の使用の対価として受け取る法定果実がある。

【事例】

Aは，(c)東京都文京区〇丁目〇番地にある住宅を1か月9万円の家賃でBに貸していた。Aは，8月下旬に9月分の家賃をBから前払いで受け取っていた。ところがAは，9月20日にその住宅をBに貸したままCに売却した。

民法では法定果実の分配について定めている条文がある。そこで，(d)AとCは，民法の規定にもとづいて誰がどれだけBの9月分の家賃を受け取れるのかを調べてみることにした。

問1．下線部(a)と下線部(b)の関係を満たす組み合わせとして，次のなかから適切なものを一つ選びなさい。

ア．(a)建物・(b)畳　　イ．(a)牛・(b)牛乳　　ウ．(a)飛行機・(b)航空券

問2．下線部(c)を物の種類として分類するとどれにあたるか，次のなかから正しいものを一つ選びなさい。

ア．不特定物　　イ．特定物　　ウ．附合物

問3．下線部(d)の結論はどうなるか，次のなかから正しいものを一つ選びなさい。

ア．Aは受け取ることができず，新たな家主となったCが9万円を受け取る。

イ．Cは受け取ることができず，もともとの家主であるAが9万円を受け取る。

ウ．Aは6万円，Cは3万円をそれぞれ受け取る。

8 次の文章を読み，問いに答えなさい。

　インターネットで新たな情報配信サービスの展開を考えているAは，著名な作家の小説を読みやすく書き直して新たな作品として配信できないものかどうか考えた。しかし，作家の作品には著作権がある。明治時代に生まれた高名な作家の小説については，(a)亡くなってから著作権で保護されている期間が過ぎているので，出版社や遺族の了承を得なくても配信や出版は可能である。

　また，情報配信サービスを展開するにあたり，Aは(b)商標権の登録をすることも検討課題とした。特許庁に商標を登録すると商標権が与えられ，その存続期間は設定登録の日から10年であるが，更新登録の申請により半永久的に使用することが可能である。しかも商標権を含む知的財産権には(c)差止請求権やこうむった損害の賠償を求めるための損害賠償請求権なども認められている。

　事業計画を作成しながら，Aは自分自身が第三者の著作権や商標権を侵害しないように注意しようとあらためて心がけるようにした。

問１． 下線部(a)の期間について，2018（平成30）年の改正著作権法施行後は死後何年か，次のなかから正しいものを一つ選びなさい。

　　ア．10年間　　イ．45年間　　ウ．70年間

問２． 下線部(b)の説明として，次のなかから適切なものを一つ選びなさい。

　　ア．新しく工夫した栓抜きやカッターなど，必ずしも技術的には高度ではない小さな発明を保護するための権利

　　イ．商品につける特別のマークや立体看板，特定の業者が提供している役務だとわかるようなサービスマークなどを独占的に使用できる権利

　　ウ．物品の形や模様，色彩またはこれらの結合，建築物の形状などや画像で，視覚を通じて美的感覚を生じさせるものを独占的に使用できる権利

問３． 下線部(c)の説明として，次のなかから適切なものを一つ選びなさい。

　　ア．他人が知的財産権を侵害しているときに，相手に対して侵害前の状態に回復するように請求する権利

　　イ．他人が知的財産権を侵害しているときに，失われた信用に対してその回復の措置を講じるように請求する権利

　　ウ．他人が知的財産権を侵害しているときに，相手に対して侵害している行為をやめるように請求する権利

9 次の文章を読み，問いに答えなさい。

　Aは祖父からもらった貴重な工芸品を所有している。亡くなった祖父によれば「日本で2つとない名品なので価格は100万円を超えるかもしれない」ということだった。しかし，ある芸術品愛好会に参加してその工芸品を他の参加者に見せていると，「この工芸品は偽物で，しかもそれほど珍しい作品ではない。実際には1,000円の価値もない」とBに言われた。Bは続けて「本来ならば1,000円の価値もないが，私ならば10,000円で買い取ろう」と言ったので，(a)Aは「10,000円ならばBに売却しよう」とその工芸品を引き渡し，売買契約をBと締結した。このときBはAを明らかにだましていたが，Aはそのことに気がつかなかった。

　工芸品をBに売却してから2か月後にAがインターネットのオークションサイトを見ていると，AがBに売却した工芸品が120万円で売りに出されていた。Aは驚いてさっそく出品者のCに連絡をとったところ，「この工芸品はBから90万円で購入しましたが，まさかBがあなたをだまして工芸品を購入したとは知りませんでした。私はBさんと売買契約を締結して90万円も支払っていますから，返却することはできません」と言われた。つまり，Cは(b)善意の第三者ということになる。しかも特段の落ち度もないので無過失である。

　Aは釈然とせず，(c)Cに売買の取り消しを求めて工芸品を取り戻すことができるのかどうか調べることにした。

問1．本文の主旨から，下線部(a)の意思表示について，次のなかから適切なものを一つ選びなさい。
　　ア．詐欺による意思表示　　　イ．真意でない意思表示　　　ウ．強迫による意思表示

問2．下線部(b)の意味として，次のなかから適切なものを一つ選びなさい。
　　ア．事情を知っている当事者
　　イ．当事者以外の，事情を知っている者
　　ウ．当事者以外の，事情を知らない者

問3．下線部(c)の結論として，次のなかから適切なものを一つ選びなさい。
　　ア．第三者よりも詐欺の被害者を保護するべきなので第三者のCに対して売買の取り消しを主張し，工芸品の返還を請求できる。
　　イ．弁護士によってAの正当性が立証されれば第三者のCに対して売買の取り消しを主張し，工芸品の返還を請求できる。
　　ウ．AはCに売買の取り消しを主張することができず，工芸品の返還を請求することができない。

10 次の文章を読み，問いに答えなさい。

　取引において債務者が債務を債権者に履行すれば，問題は発生しない。しかし，(a)債務者が履行しようと思えば履行できたにもかかわらず，期日がきても履行しない場合や，(b)故意や過失によって債務の履行が不可能になった場合，さらに(c)履行はなされたが債務の内容にそぐわない不完全な点がある場合などがある。

　これらの３つを総称して債務不履行といい，債務不履行の場合には(d)損害賠償の請求や契約の解除にまで及ぶことがある。

問１．下線部(a)・下線部(b)・下線部(c)の関係を満たす組み合わせとして，次のなかから適切なものを一つ選びなさい。

　　ア．(a)履行不能・(b)不完全履行・(c)履行遅滞

　　イ．(a)履行遅滞・(b)履行不能・(c)不完全履行

　　ウ．(a)履行遅滞・(b)不完全履行・(c)履行不能

問２．下線部(d)について，その賠償の方法について民法ではどのように規定しているか，次のなかから適切なものを一つ選びなさい。

　　ア．物品の引き渡し　　イ．金銭の支払い　　ウ．労務・信用の提供

11 次の文章を読み，問いに答えなさい。

　都心部でゴミとして廃棄されている家庭用電気製品から，レアメタルを回収してリサイクルに活用する動きがある。これを都市鉱山といい，例えば金ですら日本の都市鉱山には約7,000トンあるといわれている。

　こうしたなかゴミそのものに価値が見出されることも増えてきた。本来ならば(a)ゴミは所有者がいない動産なので，最初に意思をもって所有した者が所有権を取得する。しかし，この原則を貫くと価値があるレアメタルを無断で持ち去る者が不当に利益を得ることにもなる。

　そこでゴミを回収する地方自治体のなかには，ゴミを無断で持ち去る行為を禁止する(b)条例を定めるケースも増えてきている。

問１．下線部(a)は何について説明したものか，次のなかから適切なものを一つ選びなさい。
　　ア．埋蔵物発見　　イ．無主物の帰属　　ウ．遺失物拾得

問２．下線部(b)はどのような法か，次のなかから正しいものを一つ選びなさい。
　　ア．地方公共団体の議会が制定する成文法
　　イ．地方公共団体の長が制定する成文法
　　ウ．地方公共団体の議長が制定する成文法

12 次の文章を読み，問いに答えなさい。

　ソフトウェア会社を営むAは，設備投資のために150万円のコンピュータを新たに購入したいと考えていた。しかし，運転資金の関係もあって80万円しか用意できなかった。そこで知人のBに(a)Aの所有する別の時価100万円の高性能スキャナを債権の担保として預け，返済できないときは，競売してその代金から，他の債権者よりも優先して返済する条件で，不足する70万円を借りる契約を申し入れた。

　しかしBはスキャナには興味も必要性もなく，その時価も評価できないので，(b)Aが返済できなくなった場合には，債務者であるAの責任をとって，代わりに返済する人的担保で資金を貸し付けることを検討した。

　その後，BはAに対してAの別の知人であるCが保証人になることで，金銭消費貸借契約証書を作成し，70万円を1年後に返済することで貸し出した。そして，利率については(c)AとBが任意に決めて年利率8％とした。この利率は，(d)利率の最高限度を定める法に照らしても有効である。

　その1年後，AからBに70万円が弁済されなかったので，Bは保証人のCに返済を求めたが，Cは(e)検索の抗弁権を主張した。

問1．下線部(a)のような担保物権を何というか，次のなかから正しいものを一つ選びなさい。
　ア．先取特権　　イ．抵当権　　ウ．質権

問2．下線部(b)のような人的担保を何というか，次のなかから正しいものを一つ選びなさい。
　ア．保証債務　　イ．連帯保証　　ウ．連帯債務

問3．下線部(c)のような利率を何というか，漢字2文字を補って正しい用語を完成させなさい。

問4．下線部(d)を何というか，漢字4文字を補って正しい法律名を完成させなさい。

問5．下線部(e)の内容として，次のなかから最も適切なものを一つ選びなさい。
　ア．債務者が返済しない場合に，保証人が債務者に代わって債務の履行を行い，その後保証人が支払った費用を債務者に返済させること。
　イ．債務者が返済しない場合に，保証人が債務者とともに債務の履行を行い，その後，保証人が支払った費用を債務者に返済させることを主張すること。
　ウ．債務者が返済しない場合に，保証人は債務者に強制執行しやすい財産があることを債権者に証明して，債務者の財産に対して強制執行することを主張すること。

13 次の文章を読み，問いに答えなさい。

　代理とは，代理人が本人のために相手方と契約をむすぶと，その契約から生じる効果が直接，本人に生じる制度である。代理には，法律の規定によって代理人とその権限の範囲が定められている法定代理と，(a)本人が代理人を選んで代理権を与えることで成立する代理とがある。

【事例】

　Aは趣味でミニカーを集めている。2週間後に実施されるオークションでマニアのなかでは有名なミニカーが出品されることを知った。しかし当日は他の用事があったため，知人のBにミニカーの購入を依頼することにした。その際，AからBに代理権を与えたことを明らかにしておくために，目的とするミニカーの価格が3万円以内ならば購入するという条件を記入した委任状を手渡した。

　オークションの当日，Bは会場に出向いた。オークションに参加しているうちに，目的のミニカーの価格が高騰し，落札できなくなった。しかたがなくそこでBは代理権の範囲を超えていることは承知していたが，Aが特に要望していなかった別のミニカーを3万円で落札した。「Aはミニカーが大変好きだから，きっと許してくれるだろう」と考えて落札したのだった。

　その後，Aはこのことを聞き，非常に驚き，(b)果たしてBの代理行為は有効であるのかどうかを調べてみることにした。この経緯に関しては，Aは常に善意であり，特段に過失もなかったことは明らかだった。また，Bが取引の相手方に対して別のミニカーを購入する代理権が存在するかのような外観がなかったことも明らかである。以上もふまえてAは，弁護士に相談することも検討している。

問1．下線部(a)を何というか，漢字2文字を補って正しい用語を完成させなさい。

問2．下線部(b)の結論として，次のなかから最も適切なものを一つ選びなさい。

　ア．Bの代理行為は無権代理であるため，善意無過失のAは保護される。したがって，いかなる場合もBの代理行為は無効となる。

　イ．Bの代理行為は無権代理であるため，善意無過失のAは保護される。したがって，Bの代理行為は無効となるが，Aが追認した場合は有効となる。

　ウ．Bの代理行為は無権代理であるが，BはAの好みを知っており悪気があったわけではない。したがって，Bの代理行為はいかなる場合も有効となる。

14 次の文章を読み，問いに答えなさい。

　賃貸借は貸し主が借り主に物の所有権を移転せずに，使用・収益させることを約束し，借り主が貸し主に賃料を支払うことを約束する契約である。ただ民法の規定をそのまま借地や借家に適用するといろいろな問題が発生するため，借地借家法が制定されている。

　しかし借地借家法が定める(a)普通借地権をそのまま適用すると，地主にとって負担が大きい。例えばいったん借地契約を締結すると，期間満了時に借地上に建物がある場合には，正当な事由がない限り，借地人の契約更新請求を地主は拒絶できない。また正当の事由が認められても，借地人には建物買取請求権が認められる。

　こうした地主にとっての負担が考慮されて，契約の更新や建物の築造による存続期間の延長がなく，建物の買取請求もしないことを書面で特約する定期借地権や(b)居住用ではなく業務のために使用させ，建物の所有を目的とする存続期間が10年以上50年未満とされている借地権などが導入された。こうした借地権の設定に際しては，(c)公証人が厳格な手続きにしたがって作成した公文書によることが多い。

問１．下線部(a)の内容として，次のなかから適切なものを一つ選びなさい。

　ア．存続期間は20年以下に制限され，契約でこれより長い期間が定められてもその期間は20年となる。

　イ．存続期間は，当初の借地契約の際には30年以上，最初の更新の際には20年以上，その後の更新の際には10年以上とされる。

　ウ．存続期間は，50年以上である。

問２．下線部(b)を何というか，次のなかから適切なものを一つ選びなさい。

　ア．事業用借地権　　イ．定期借地権　　ウ．建物譲渡特約付借地権

問３．下線部(c)を何というか，次のなかから適切なものを一つ選びなさい。

　ア．私署証書　　イ．公正証書　　ウ．自署文書

15 次の文章を読み，問いに答えなさい。

　売買のような双務契約においては，当事者の一方だけが先に債務を履行しなければならないとすると，不公平な結果が生じる場合がある。そこで，(a)双務契約の当事者の一方は，相手方が債務を履行する用意をしないうちは，自分の債務の履行を拒むことができる。例えば，売買契約において，買い主は売り主が商品を引き渡す用意をするまでは代金を支払わないということができ，売り主は買い主が代金を支払うまでは商品を引き渡さないということができる。

　また，双務契約の場合に，一方の債務が当事者のどちらにも責任のない原因で消滅した場合，他方の債務はどのような影響を受けるのかといった問題が生じる。

　建築業者AはBと建物の売買契約を締結した。その後，その建物が隣家からの延焼で焼け落ちてしまったというような場合，売り主である建築業者Aの建物を引き渡すという債務は履行不能となって消滅する。一方，(b)建物の買い主であるBはAに代金を支払う必要性があるのかという問題がある。ただし現行の民法のこの規定については，さまざまな問題点も指摘されており，実務においては特約が売り主と買い主との間で締結されることも多い。

　双務契約が締結され，無事に建物が買い主に引き渡された1か月後に，完全な施行を契約書に明記していたにもかかわらず雨漏りが発生した場合には，(c)売り主の担保責任が発生する。これは売買の目的物が完全なものでなかった場合には，売り主に一定の責任を負わせるのが公平と考えられるためである。

問1．下線部(a)を何というか，次のなかから適切なものを一つ選びなさい。
　　ア．同時履行の抗弁権　　イ．保証人の求償権　　ウ．遅延賠償請求権

問2．下線部(b)の民法の規定にもとづく結論として，次のなかから適切なものを一つ選びなさい。
　　ア．危険負担における債務者主義によって，買い主であるBはAに対して支払いを拒絶し，売り主が損害（危険）を負担する。
　　イ．危険負担における債権者主義によって，買い主であるBはAに対して代金を支払い，買い主が損害（危険）を負担する。
　　ウ．買い主と売り主が平等に損害（危険）を負担することが公平なので，買い主であるBは家の代金の半額をAに支払う。

問3．下線部(c)を何というか，次のなかから適切なものを一つ選びなさい。
　　ア．契約（内容）不適合責任　　イ．追奪担保責任　　ウ．払込担保責任

16 次の文章を読み，問いに答えなさい。

　　Aは長野県K市に別荘を建てるのに最適な土地を見つけ，BとCと債務額の全額に対して連帯して1,200万円をDから借りて，その土地を購入することにした。この土地は3人で，共同で利用することにしている。

　　しかし弁済期がきても弁済することができず，DはA・B・Cに対して債務の履行を請求することにした。一方で，A・B・Cはそれぞれ債務の負担割合を600万円，400万円，200万円とする特約を締結していた。

問1．下線部について，次のなかから適切なものを一つ選びなさい。

　　ア．DはA・B・Cの3人のうち，誰に対しても1,200万円を請求することができる。

　　イ．DはA・B・Cのそれぞれに対して400万円ずつしか請求できない。

　　ウ．A・B・Cはそれぞれ債務の負担割合を決めていたので，DはAに600万円，Bに400万円，Cに200万円しか請求することができない。

問2．本文の主旨から，A・B・Cの3人の債務を何というか，次のなかから適切なものを一つ選びなさい。

　　ア．連帯保証債務　　イ．連帯債務　　ウ．分割債務

17 次の文章を読み，問いに答えなさい。

権利関係を変動させる要因としては契約が一般的である。しかし，それ以外にもいくつかの要因がある。例えば時効制度では，時効の成立によって権利をなくしてしまう場合や(a)権利を得る場合などがある。ただし，その場合には(b)利益を得る当事者が時効により利益を受けると主張することが必要である。

また(c)遺失物拾得の場合には，遺失物を拾った者が警察署に届け出て，所有権を得る場合がある。

問1．下線部(a)について，次のなかから適切なものを一つ選びなさい。

ア．占有者は善意無過失で土地を10年間にわたり平穏かつ公然に占有していたので，時効により所有権を取得できる。

イ．占有者は善意無過失で土地を10年間にわたり平穏かつ公然に占有していたので，合計で20年間にわたり占有することができれば時効により所有権を取得できる。

ウ．占有者は善意無過失で土地を10年間にわたり占有していたが，土地については民法の規定がないため所有権を取得することはできない。

問2．下線部(b)を何というか，次のなかから適切なものを一つ選びなさい。

ア．時効の援用　　イ．時効の完成猶予　　ウ．時効の更新

問3．下線部(c)の説明として，次のなかから適切なものを一つ選びなさい。

ア．遺失物が特定の場所で発見された場合には，その場所の所有者と拾得者が半分ずつの割合で所有権を取得できる制度。

イ．遺失物を警察に届け出て，警察で公告してから3か月以内に所有者が現れなければ，拾得者がその所有権を取得できるという制度。

ウ．遺失物は所有者のいない動産と同じように民法が適用されるので，最初に占有した者が所有権を取得できるという制度。

選択問題Ⅰ〔会社に関する法〕

1 次の文章を読み，問いに答えなさい。

　A社は，令和○9年7月1日に取引先のB社から商品100万円を売り上げたので，(a)支払期日が令和○9年8月28日(水曜日)の約束手形を受け取った。この約束手形の裏面をみると，この手形は令和○9年6月1日にB社の取引先であるC社から振り出されていたことがわかった。

　支払期日となり，A社は取引銀行に取り立てを依頼したが，不渡りとなってしまった。A社の経理部長は(b)手形の偽造を疑ったが，ただちに遡求の準備を始めることとした。

問1. 下線部(a)の支払呈示期間は何月何日までか，次のなかから正しいものを一つ選びなさい。
　ア．令和○9年8月29日(木曜日)
　イ．令和○9年8月30日(金曜日)
　ウ．令和○9年9月2日(月曜日)

問2. 下線部(b)の説明として，次のなかから適切なものを一つ選びなさい。
　ア．偽造した印鑑を押印すること。
　イ．権限なく手形の金額をかえて手形行為を行うこと。
　ウ．権限なく他人名義の手形行為を行うこと。

問3. A社は誰に対して遡求ができるのか，次のなかから最も適切なものを一つ選びなさい。
　ア．裏書人のB社と振出人のC社の両方に遡求できる。
　イ．裏書人のB社のみに遡求できる。
　ウ．振出人のC社のみに遡求できる。

2 次の文章を読み，問いに答えなさい。

　会社に対する株主の権利は，(a)会社から直接的に経済的な利益を得ることを内容とする権利と，会社の経営に参加することを目的とする権利とに分類できる。後者には，(b)取締役が業務の遂行にあたって会社に損害を与え，その責任を会社が追及することを怠ったときに，会社に代わって株主が訴えを起こす権利が認められている。

問1. 下線部(a)の例として，次のなかから適切なものを一つ選びなさい。
　ア．取締役の解任を求める権利
　イ．利益の配当を請求する権利
　ウ．計算書類を承認する権利

問2. 下線部(b)の訴えを何というか，漢字4文字を補って正しい用語を完成させなさい。

選択問題Ⅱ〔企業の責任と法〕

1 次の文章を読み，問いに答えなさい。

　高校3年生のAは卒業後に就職する予定である。会社では人事部に勤める父親から，まず(a)賃金・労働時間・休日および年次休暇，就業規則などの労働条件に関する最低基準を定めた法律に合致していないと，現代では「ブラック企業」として評判が悪くなり，さらには売上高も下がることになると聞いた。

　また，そうした最低限の労働条件に加えて，(b)健康保険や労災保険の加入状況などの福利厚生も充実している必要があるということを父親から聞いた。

　Aは就職すれば，(c)会社から指示をうけて労務に服し，その対価として給料をもらう生活になるが，あらためて「経済活動と法」の教科書を読み直してみようと思った。

問1． 下線部(a)の法律名を何というか，次のなかから正しいものを一つ選びなさい。

　ア．労働組合法　　イ．労働基準法　　ウ．労働関係調整法

問2． 下線部(b)の保険の対象として，次のなかから適切なものを一つ選びなさい。

　ア．勤務時以外の負傷や疾病

　イ．失業時や育児休業

　ウ．通勤中や勤務中の負傷や疾病

問3． 下線部(c)の内容として，次のなかから適切なものを一つ選びなさい。

　ア．雇用　　イ．請負　　ウ．委任

2 次の文章を読み，問いに答えなさい。

　Aは知人のBからとある会場に呼び出され，「友達にこの商品を販売して会員を増やし，さらに会員になった友達が別の友達に商品を販売することで，大儲けができますよ」と言われた。まったく乗り気ではなかったが，知人のBの知り合いと名乗る人々に周りを囲まれてしまい，渋々契約書に署名をしてしまった。

　自宅に戻ってきてからAは不安になったが，父親から「契約書を受領してから一定期間の間に，無条件で契約を解除できるよ。明日弁護士に相談しよう」と言われ安心した。

問1． 本文の主旨から，知人のBが行う販売方法を何というか，次のなかから適切なものを一つ選びなさい。

　ア．特定継続的役務提供　　イ．訪問販売　　ウ．連鎖販売

問2． 本文の主旨から，下線部を何というか，正しい用語を記入しなさい。

第2回
商業経済検定試験問題
〔経済活動と法〕

解答上の注意

1．この問題のページはp.106からp.120までです。

2．解答はすべて別紙解答用紙(p.155)に記入しなさい。

3．文字または数字で記入するもの以外はすべて記号で答えなさい。

4．選択問題Ⅰ〔会社に関する法〕・選択問題Ⅱ〔企業の責任と法〕は

　2分野のうち1分野を解答すること。2分野を解答した場合は,

　選択問題すべてを無効とします。

5．計算用具や六法全書などの持ち込みはできません。

6．制限時間は50分です。

1 次の文章を読み，問いに答えなさい。

　私たちは，店舗に行列ができていれば秩序正しく並び，高齢者や妊婦の方が電車の中で立っていれば席を譲る。このように社会全体が平穏で秩序正しく運営されていくためには，(a)社会全体で守るべきルールがある。その中には法や慣習，宗教上の戒律などがある。そのなかでも(b)法は，他のルールとは異なる特質がある。

　いったん確立された社会のルールも環境の変化によって内容が変化していく。法もまた新たな環境の変化に対応するために，新しく法を立案したり改正したりすることが必要である。

　たとえば，2020(令和2)年6月より改正道路交通法が施行され，他の車両の通行を妨害するために，車両距離をつめる，不要なブレーキをかける，不必要にクラクションを鳴らすなど，危険を発生させるような運転(いわゆる「あおり運転」)をした場合には，3年以下の懲役または50万円以下の罰金に処せられるようになった。さらに，「あおり運転」によって著しい危険を発生させた場合には，5年以下の懲役または100万円以下の罰金に処せられることに加え，運転免許の取り消し処分もなされるようになった。

　この「妨害運転」(あおり運転)の規定は自転車にも適用され，他の車両を妨害するために不必要に急ブレーキをかけたり，幅寄せや逆走などをしたりすると，「妨害運転」(あおり運転)となり，3年間に2回違反した14歳以上の者は，「自転車運転者講習」の受講が義務づけられる。ただし，(c)こうした法改正については施行前に生じた違反については適用されない。

問1.　下線部(a)を何というか，次のなかから適切なものを一つ選びなさい。
　　ア．社会秩序　　　イ．社会理念　　　ウ．社会規範

問2.　下線部(b)に記された特質の説明として，次のなかから適切なものを一つ選びなさい。
　　ア．伝統社会に由来する風習として，尊重されているという特質
　　イ．善悪を主観的に判断する基準として，社会のほぼ全体で暗黙に認められているという特質
　　ウ．国家権力によって定められ，強制され，罰を受けることもあるという特質

問3.　下線部(c)の原則を何というか，次のなかから正しいものを一つ選びなさい。
　　ア．特別法優先の原則　　　イ．法律不遡及の原則　　　ウ．信義誠実の原則

② 次の文章を読み，問いに答えなさい。

　社会生活が円満に営まれるためには，権利者はその権利を正しく行使し，義務者はその義務を誠実に果たすことが必要である。そこで民法では以下のように定めている。

「第1条　私権は，(a)公共の福祉に適合しなければならない。」

　この公共の福祉に適合しているかどうかが争われた事件として宇奈月温泉木管事件がある。Aが購入した9,900m²の土地に，Bが設置した温泉の引湯用木管の一部（面積約6.6m²）が通っていた。Aは木管の撤去に莫大な費用がかかることに目をつけ，Bに対しその撤去を求め，応じなければ購入した土地全部を時価の数十倍の価格で買い取るように請求した。裁判所はこのAの要求を(b)正当な範囲を逸脱した権利の行使として退けた。

　ある行為が正当な範囲を逸脱した権利の行使かどうかは，その行為によって権利者の受ける利益と相手のこうむる損害とを比較した上で考慮して，公共の福祉にあっているかどうかを基準にして決める。その判断は，一般の平均的な人の受忍限度を基準に，さまざまな事情を総合的に考慮して行われる。

問1．本文の主旨から，下線部(a)の説明として，次のなかから最も適切なものを一つ選びなさい。

　　ア．公共の福祉とは，社会全体の向上発展のことをいう。

　　イ．公共の福祉とは，企業経営における基本的な理念のことをいう。

　　ウ．公共の福祉とは，労働者が労働する上で最も尊重されるべき権利のことをいう。

問2．本文の主旨から下線部(b)を何というか，次のなかから正しいものを一つ選びなさい。

　　ア．権利の客体　　　イ．権利の濫用　　　ウ．権利の主体

③ 次の文章を読み，問いに答えなさい。

　Aが公園に行ったところ「キャッチボールは危険なのでやめましょう」という看板が掲示されていた。Aは確かに投げたボールが他の人の頭にでもあたると危ないと考えて，(a)その看板の通り公園でキャッチボールをすることをやめた。

　しかし，その後あらためて掲示板の内容について考えてみて，人によってさまざまな解釈が生じる可能性があると思った。そして法の解釈として，論理的に矛盾がないように解釈する論理解釈があることを知った。さらに，論理解釈のなかには文の意味を広げて解釈する拡張解釈や，文の意味を狭めて解釈する縮小解釈，文の意味を逆に解釈する反対解釈などがあるとわかった。

　そこでAは，(b)掲示板の内容を拡張解釈した場合，どのような解釈になるのかを考えてみることにした。

皆さんの公園です。
1．大声で騒ぐのはやめましょう。
2．キャッチボールは危険なのでやめましょう。
3．自転車の乗り入れは禁止です。

問1．下線部(a)の解釈を何というか，漢字2文字を補って正しい用語を完成させなさい。

問2．下線部(b)の具体例として，次のなかから適切なものを一つ選びなさい。

　　ア．ソフトボールはキャッチボールではないので，公園でソフトボールはできるという解釈

　　イ．バドミントンはキャッチボールではないが，安全確保の観点からバドミントンも禁止されているという解釈

　　ウ．ソフトボールもキャッチボールの一種なので，公園ではソフトボールもしてはいけないという解釈

4 次の文章を読み，問いに答えなさい。

　社会生活において，権利をもったり義務を負ったりするものを権利・義務の主体といい，権利・義務の主体となることができる資格を権利能力という。現在では人はすべて平等に権利能力をもっている。

　しかし，商店で品物を買う場合や資金を借りる場合において，(a)意思能力の不十分な人が不利な取引をすることで損害をこうむることもある。このため民法では，意思能力の有無にかかわらず，意思表示の不十分な人が不利益をこうむらないように未成年者・被補助人・(b)被保佐人・成年被後見人の4種類を制限行為能力者と定め，法的に保護する制度を置いている。

　一方で情報通信技術が発達したことにより，インターネットで商品を売買したり，メールやファックスで商品を取り寄せたりすることが可能になっている。例えば未成年者が高額の商品の購入契約をいったん行い，その後キャンセルするということも発生している。

　民法では，制限行為能力者が単独で法律行為を行った場合には，一定の条件で取り消すことができるとしている。ただし，このままでは制限行為能力者と取引をした相手方は，いつその契約が取り消されるかわからないといった不安定な状態に置かれる。そこで制限行為能力者と取引を行った相手方を保護するために，法定代理人に対して(c)一定期間を定め，その期間内でその取引を認めるかどうか確答することを求める(d)催告権の制度を設けている。

問1．下線部(a)の意味として，次のなかから適切なものを一つ選びなさい。
　ア．自分の行為の結果を正常に判断できる能力
　イ．権利・義務の主体となることができる資格
　ウ．一人で完全に有効な法律行為を行うことができる資格

問2．下線部(b)の説明として，次のなかから適切なものを一つ選びなさい。
　ア．精神上の障がいにより，事理を弁識する能力を欠く常況にある者で，日用品の購入その他日常生活に関する行為以外の法律行為は単独ではできない。
　イ．精神上の障がいにより，事理を弁識する能力が著しく不十分な者で，不動産の売買契約や借金の契約など重要な法律行為は，法定代理人の同意なしに単独ではできない。
　ウ．軽度の精神上の障がいにより，事理を弁識する能力が不十分な者で，法定代理人の同意を得ないで行った特定の法律行為は取り消しの対象となる。

問3．本文の主旨から，下線部(c)の期間は民法ではどのように規定されているか，次のなかから正しいものを一つ選びなさい。
　ア．15日以上　　イ．3週間以上　　ウ．1か月以上

問4．下線部(d)について，催告権の説明として，次のなかから適切なものを一つ選びなさい。
　ア．一定期間を定めて，取引を認めるかどうか確答を求め，その期間内に確答がない場合には取り消されたことになる。
　イ．一定期間を定めて，取引を認めるかどうか確答を求め，その期間内に確答がない場合にはその取引を認めたことになる。
　ウ．一定期間を定めて，取引を認めるかどうか確答を求め，その期間内に確答がない場合には，もう一度催告権を行使する必要がある。

5 次の文章を読み，問いに答えなさい。

　Aは旅行が好きで，世界中を旅行していた。しかしあるとき飛行機が台風にまきこまれて墜落し，Aはそのまま行方不明になってしまった。残された家族は悲しみにくれたが，事故から1年が経過した。その1年の間にAが借りていた旅行の資金の借入金の契約や携帯電話の通信料などもそのままになっている。Aの家族はAの生存に希望を託しつつも今後のことを考えて弁護士に相談し，失踪宣告の申し立てを行うことにした。この失踪宣告の申し立ては，家族など利害関係人の請求により裁判所が失踪宣告をすると，法律上，その人を死亡したものとみなして扱うことができるという制度である。

問1．下線部に相当する裁判所として，次のなかから適切なものを一つ選びなさい。

　ア．家庭裁判所　　イ．簡易裁判所　　ウ．高等裁判所

問2．本文の主旨により，Aはいつ死亡したものとみなされるか，次のなかから正しいものを一つ選びなさい。

　ア．裁判所に申請した日に，死亡したものとみなされる。

　イ．飛行機事故から1年後に，死亡したものとみなされる。

　ウ．飛行機が台風にまきこまれるという危難が去ったときに，死亡したものとみなされる。

6 次の文章を読み，問いに答えなさい。

　W大学の創始者である大隈重信の像は，大学のキャンパスその他に設置されるとともに，書籍やパンフレットなど各種の印刷物にも掲載され，W大学のブランド向上に役立てられている。そこでW大学はこの大隈重信の像を立体的な商標として(a)行政機関に申請し，(b)商標権の登録が認められた。いわゆる知的財産権とされる権利には，この他に特許権や(c)実用新案権，意匠権などがある。

　これらの知的財産権は，人間が生み出した無形の財産であり，その経済的利益を法律によって保護しなければならない。権利が保護されていることによって，新たな発明や考案を生み出そうというモチベーションが社会全体にわきあがってくることになる。

問1．下線部(a)の行政機関はどこか，次のなかから正しいものを一つ選びなさい。

　ア．消費者庁　　イ．特許庁　　ウ．文化庁

問2．下線部(b)の存続期間について，次のなかから正しいものを一つ選びなさい。

　ア．出願の日から20年(一部は25年)で，この期間が経過したときに消滅する。

　イ．出願の日から10年で，この期間が経過したときに消滅する。

　ウ．設定登録の日から10年で，更新登録の申請により半永久的に使用できる。

問3．下線部(c)の説明として，次のなかから適切なものを一つ選びなさい。

　ア．物品の形や模様，色彩またはこれらの結合，建築物の形状などや画像で，視覚を通じて美的感覚を生じさせるものを独占的に使用できる権利

　イ．新しく工夫した栓抜きやカッターなど，品物の形や構造についての実用的な産業上の新しい考案を独占して使用することができる権利

　ウ．自然法則を利用した技術的創作のうち高度なものを独占して製造や販売に使用することができる権利

7 次の文章を読み，問いに答えなさい。

　物権とは，人が一定の物を直接的かつ排他的に支配できる財産権をいう。例えば建物の所有者は，その建物に居住することも他人に貸して賃料を得ることも原則として自由である。このとき他人の行為を必要としないで自分ひとりでできるという性質が直接性で，同じ物に対して同じ内容の物権は１つしか存在しないという性質が排他性である。このように物権は絶対的な権利であるため，民法ではあらかじめその種類や内容が定められており，第175条では(a)「物権は，この法律その他の法律に定めるもののほか，創設することができない」と規定している。

　【事例】

　　Aは新たに土地を購入した際，用水路から自分の土地まで水を引くために，(b)自分の土地の便益のために他人の土地を利用できる権利の契約を隣人とむすんだ。

問１．下線部(a)のような原則を何というか，次のなかから正しいものを一つ選びなさい。
　　ア．一物一権主義　　イ．物権法定主義　　ウ．過失責任主義

問２．下線部(b)を何というか，次のなかから正しいものを一つ選びなさい。
　　ア．地役権　　イ．入会権　　ウ．地上権

8 次の文章を読み，問いに答えなさい。

　部員が100人を超えるテニスサークルを主宰している大学生のAは，部費の管理が大変になってきたことから金融機関に預金口座をつくろうと考えた。しかしながら，金融機関の窓口で(a)「法人と同じように活動している人々の集まりなのはわかりますが，テニスサークルには法人格がないので，サークルの名義では口座をつくることができません」と言われて断られてしまった。Aがいろいろと調べてみると，ＮＰＯ(非営利組織)やＮＧＯ(非政府組織)は特定非営利活動促進法によって法人格の取得が認められていることがわかった。また，人々の集まりではなく，(b)一定の目的のために提供された財産をもとに設立された法人もあることがわかった。

　Aは法人格を取得すると便利なことが多い反面，権利と義務の主体になる以上，定款の作成や機関設計など整備すべきことも多くなることを学んだ。

問１．下線部(a)のような団体を何というか，次のなかから適切なものを一つ選びなさい。
　　ア．公益社団法人　　イ．権利能力のない社団　　ウ．一般社団法人

問２．下線部(b)のような団体を何というか，次のなかから適切なものを一つ選びなさい。
　　ア．営利法人　　イ．公法人　　ウ．財団法人

9 次の文章を読み，問いに答えなさい。

台風がきて自宅の一部が破損したＡは，自宅の修理とともに大規模修繕も行うことにした。建設会社から見積もりをとったところ，資金が300万円不足していたため，知人のＢから借り入れることにした。しかしながらＢから「何か担保になるものを用意してほしい」と言われたので，(a)自動車の所有権を担保のためにＢに移転するとともに，そのまま自動車を借りる形でＡが使用を続けることとし，借り入れた300万円を返済したときに所有権をＢからＡに戻すという方法を提案した。

しかしＢはその方法よりも第三者の資力や信用を担保にする方法を希望した。そこで(b)連帯保証をつけることにした。Ａは知人のＣに連帯保証人になることを依頼し，承諾を受け，そしてＡはＢから返済は２年後という条件で300万円を借り入れた。

なお，利率については(c)民事上の制約として元本の金額によって年利率15 ～ 20％を最高限度とする法律が定められているので，その法律に配慮しつつ年利率１％というようにＡとＢとで取り決めた。

問１．下線部(a)のような物的担保を何というか，次のなかから正しいものを一つ選びなさい。

　　ア．仮登記担保　　　イ．譲渡担保　　　ウ．根担保

問２．下線部(b)はどのような人的担保か，次のなかから適切なものを一つ選びなさい。

　　ア．分割債務としてＡとＣがそれぞれ半額ずつ負担する人的担保

　　イ．Ａによって履行がなされない場合に，Ｃが債務を履行する義務を負う人的担保

　　ウ．ＡとＣがまったく同じ内容の債務を履行する義務を負う人的担保

問３．下線部(c)の法律名を何というか，漢字５文字で正しい法律名を記入しなさい。

問４．本文の主旨から，ＡとＢの間でむすばれた契約の種類は何か，次のなかから正しいものを一つ選びなさい。

　　ア．賃貸借　　　イ．使用貸借　　　ウ．消費貸借

10 次の文章を読み，問いに答えなさい。

　Aはセレクトショップを開業しようとしたが，運転資金や設備投資の資金が不足しており，2,000万円の借り入れが必要になった。そこで知人のBを頼り，Aが保有する家屋に抵当権を設定することを条件に資金の融資を依頼した。しかし，BがAの家屋の不動産登記簿をみてみると，(a)物権の変動には常に他から認識できる表象が必要であるという原則から，C銀行によってすでに1,000万円の抵当権が設定されていることがわかった。今回の融資にあたってBが抵当権を設定するにしても二番抵当権になることから，Bはあまり乗り気ではなかったが，Aの熱意に負けて，1,000万円の融資を行い，二番抵当権を設定した。

　しかしながら返済期日となってもAのセレクトショップは利益を上げることができず，借入金の返済ができなかった。そこでBとC銀行は裁判所に強制執行を訴えた。これにより(b)裁判所は，Aの財産を差し押さえて，これを競売し金銭に換え，BとC銀行に交付することを決めた。Aの財産は時価評価額が減少しており，家屋の時価は1,200万円になっていた。そのことを知ったBは，(c)Aの家屋が評価額通りに売却された場合，Aから弁済される金額はいくらになるのか心配になった。

問１． 下線部(a)を何というか，次のなかから適切なものを一つ選びなさい。
　ア．公信の原則　　イ．公示の原則　　ウ．債権者平等の原則

問２． 下線部(b)の強制執行を何というか，次のなかから正しいものを一つ選びなさい。
　ア．間接強制　　イ．直接強制　　ウ．代替執行

問３． 下線部(c)でBが弁済される金額はいくらか，次のなかから正しいものを一つ選びなさい。
　ア．200万円　　イ．500万円　　ウ．1,000万円

11 次の文章を読み，問いに答えなさい。

　個人事業を展開しているＡは，多額の債務を抱えており，これ以上の事業の継続は難しいと感じていた。しかし所有している自宅の土地だけでも債権者から差し押さえられないようにできないものかと考えていた。そこで，(a)Ａは知人のＢと相談して，Ａの土地をＢにあたかも売買したかのように装い，名義人をＢにしてしまった。

　しかしその後，ＢはＡには内緒でその土地を善意の第三者であるＣに売却してしまった。

　ＡとしてはＢに仮想取引によって名義を移し替え，後日あらためて自分の名義に書き換える予定だったが，Ｂが勝手に土地をＣに売却したことを知った。そこで，「もともとＢと私の取引は仮装取引であって，(b)真意とは異なる偽りの取引です。したがって取引は無効になりますから，ＢがＣに売却した取引も無効になるはずです。ですから早く土地を返してほしい」と主張した。

　Ｃとしてはそれまでの事情をまったく知らないので，(c)Ａの主張通りＡとＢの売買契約が無効で，Ｂと自分の売買取引も無効となり，土地を返却する必要があるのかどうか，調べてみることにした。

問１．下線部(a)のような意思表示を何というか，次のなかから適切なものを一つ選びなさい。
　　ア．詐欺による意思表示　　イ．強迫による意思表示　　ウ．通謀虚偽表示

問２．下線部(b)のような，内心の意思と表示した内容が異なる取引を何というか，次のなかから適切なものを一つ選びなさい。
　　ア．要素の錯誤　　イ．意思の不存在　　ウ．心裡留保

問３．本文の主旨から，下線部(c)の結論として，次のなかから適切なものを一つ選びなさい。
　　ア．仮装売買とはいえ登記も移転しているのでＡとＢの売買契約は有効である。しかしＡの承諾なしに売却されているのでＢとＣの売買契約は無効である。したがって，Ｃは土地をＡに返却しなければならない。
　　イ．ＡとＢの売買契約はＢを保護する必要がないので無効であり，その結果，ＢとＣの売買契約も無効となる。したがってＣは土地をＡに返却しなければならない。
　　ウ．ＡとＢの売買契約はＢを保護する必要がないので無効であるが，ＢとＣの売買契約は善意の第三者であるＣを保護するために有効となる。したがってＡの主張に対してＣは住宅を返却する必要はない。

12 次の文章を読み，問いに答えなさい。

　Aは日本ではあまり入手できない貴重な精密機械を所有しており，Bに貸していた。(a)このときのAとBの契約は，AがBに精密機械を使用・収益させることを約束し，Bが賃料を支払うことと契約終了時にその精密機械をAに返還することを約束するというものだった。

　しかし，その後資金繰りが悪化した関係でその精密機械をCに売却することにした。新たに所有者となったCにとっても毎月Bから得られる賃料収入は魅力的であったため，Bとの貸借関係はこのまま維持していくつもりである。しかし，いったんその精密機械をAからCに現実に引き渡して，またあらためてBに貸し出すのはきわめて面倒である。

　そこでAは民法を調べてみたところ，原則としてはやはり目的物を引き渡すことが必要であった。しかし，民法は現実の取引に配慮して，占有一般について4つのあり方を別途規定していた。このうち，(b)AがBに指図して以後は新しい所有者であるCのために精密機械を占有するように指示し，Cがそれを承諾すれば精密機械を引き渡したことになるという規定があった。Aはこの規定にもとづいて，Bに指示し，Cに承諾を得ようと決心した。

問1． 下線部(a)のような貸借の契約を何というか，次のなかから正しいものを一つ選びなさい。

　　ア．賃貸借　　イ．消費貸借　　ウ．使用貸借

問2． 下線部(b)を何というか，次のなかから正しいものを一つ選びなさい。

　　ア．簡易の引き渡し　　イ．占有改定　　ウ．指図による占有移転

13 次の文章を読み，問いに答えなさい。

　Aが街を歩いていると不動産屋で格安の中古マンションを発見した。最近では中古マンションの売買情報がインターネットでもやりとりされる関係で，良質の中古マンションはすぐ売却されてしまうことが多い。そこでAは不動産業者と交渉して，売買代金のうち50万円を(a)解約手付として支払い，売買契約を締結した。

　その後，金融機関と住宅ローンの契約をむすぶとともに，不動産登記簿の記載について，(b)以前の所有者の所有権からAの所有権に変更する登記の手続きを行った。

問1． 下線部(a)の内容として，次のなかから適切なものを一つ選びなさい。

　　ア．契約の履行に着手する前であれば，買い主は手付を放棄し，売り主も受け取っていた手付を返還して契約解除をすることができる。

　　イ．契約の履行に着手する前であれば，買い主は手付を放棄し，売り主は手付の倍額を返還して契約解除をすることができる。

　　ウ．契約の履行に着手した後に，買い主は手付を放棄した上で損害賠償金を支払い，売り主は手付の倍額を返還して契約解除をすることができる。

問2． 下線部(b)を何というか，次のなかから正しいものを一つ選びなさい。

　　ア．保存登記　　イ．抹消登記　　ウ．移転登記

14 次の文章を読み，問いに答えなさい。

　権利と義務の発生・移転・消滅といった変動が生じるのは，契約だけに限らない。時効によっても権利の変動は起こりうる。例えば(a)権利を一定期間にわたり行使しないでいると，その権利を消滅させる制度や，一定の期間にわたり権利を事実上行使する者にその権利を取得させる制度がある。ただし，(b)時効は利益を受ける当事者が主張しなければならない。

　また，(c)売掛金などの権利が消滅する前に相手方に請求をすると，あらためて時効の期間を計算しなくてはならないとする制度もある。代金をまったく支払おうとしない顧客がいても請求をすれば，その権利が時効によって消滅するのを阻止することができる。

問１．下線部(a)を何というか，次のなかから正しいものを一つ選びなさい。
　　ア．取得時効　　　イ．消滅時効　　　ウ．公訴時効

問２．下線部(b)を何というか，次のなかから正しいものを一つ選びなさい。
　　ア．時効の完成猶予　　　イ．時効の援用　　　ウ．時効の更新

問３．下線部(c)を何というか，次のなかから正しいものを一つ選びなさい。
　　ア．時効の完成猶予　　　イ．時効の援用　　　ウ．時効の更新

15 次の文章を読み，問いに答えなさい。

　何日間か何週間というように，ある時点からほかの時点までの継続した時間を期間といい，(a)日・週・月・年で期間を定めた場合には，期間が午前０時から始まるときを除き，その定めをした当日は端数になるので算入せず，翌日から起算する。例えば(b)１月10日から５日間といった場合，午前０時から起算する場合と(c)そうでない場合とでは期間の満了点が異なる。午前０時から起算しない場合には，期間はその末日の終了をもって満了する(民法141条)。

　また，週・月・年の期間の計算は，日に換算しないで暦にしたがって計算し，期間が終わった週・月・年の起算日にあたる日(応当日)の前日が満了点となる。例えば，１月10日から５か月間といった場合，６月９日の24時が満了点となる。

　こうした期間の計算は売買契約などを行うときに「３か月間貸してあげる」「２週間部屋を借ります」といった契約を具体的に確定するのに必要となる。

問１．下線部(a)を何というか，漢字５文字を補って正しい用語を完成させなさい。

問２．下線部(b)について，１月10日の午前０時から起算した場合の期間の満了点について，正しいものを一つ選びなさい。

　　ア．１月14日午前０時　　イ．１月14日24時　　ウ．１月15日24時

問３．下線部(c)について，１月10日の午前０時以外から起算した場合の期間の満了点について，正しいものを一つ選びなさい。

　　ア．１月14日午前０時　　イ．１月14日24時　　ウ．１月15日24時

16 次の文章を読み，問いに答えなさい。

　　会社員Aはある程度貯金も貯まり，将来の人生設計もできてきたので，新たに中古の一戸建てを20年間にわたるローンを組んで購入した。中古の一戸建てなので，Bとその家族が居住していたが，令和〇4年3月31日までに引き渡しを受けることで合意した。

　　しかし，(a)令和〇4年3月31日を過ぎてもBは家屋を引き渡さずにそのまま居住している。Bに特段の悪意があったわけではない。引っ越し先を見つけるつもりだったが，見つからず仕方がなく前の住居で暮らしているということだった。一方で，AにはAの事情があり，令和〇4年4月1日からその一戸建てで暮らすつもりだったので，仕方がなくホテルに部屋を借りてそこから会社に通勤することにした。とはいえ，引っ越し先を見つければすぐに引き渡しができるわけだから，AからBに「とにかく，早く引き渡してください」と繰り返し連絡は取り続けた。

　　同情すべき点はあるとはいえ，ホテルの宿泊代もかなり高額となるうえ，会社までの距離が長くなることから交通費もかかっている。(b)さまざまな出費がかさむので，Aは困ってしまった。

問1．下線部(a)のような債務不履行を何というか，次のなかから正しいものを一つ選びなさい。

　　ア．履行遅滞　　　イ．履行不能　　　ウ．不完全履行

問2．下線部(b)について，Aのとるべき対応として次のなかから最も適切なものを一つ選びなさい。

　　ア．ホテルの宿泊代も交通費もBとは関係がない出費なので，AはBにこうむった損害の賠償を請求することはできない。

　　イ．合意をしていたとはいえ，Bにも同情すべき点はあるので，Aがこうむった損害についてはAとBで分担して負担するのが合理的である。

　　ウ．約束した期限までに一戸建てを引き渡さず，そのために損害が発生しているので，Bに通常生ずるべき損害について賠償を請求できる。

17 次の文章を読み，問いに答えなさい。

　Aは自宅を離れて都心部で学生生活をおくるために，都心部の家を借りる契約を不動産業者と締結した。さっそくAは(a)賃借人が賃貸人に負担する賃料などの債務やそのほかの一切の債務を担保する金銭を不動産業者に支払った。この金銭は，借家契約が終了したときに家賃の未払分が15万円あり，窓ガラスの破損の修理代1万円がかかったとすれば，合計16万円を差し引いてAに返還するものである。

　借家契約については，定期借家権と普通借家権の2種類が選択できるようになっていたが，Aは(b)普通借家権の契約にした。そのままAはその借家から大学に通っていたが，あるとき友人Bから，「ほんの1年だけでいいから，Aが借りている家を転貸してもらえないか。家賃はAが不動産業者に払っている金額よりも多い金額を支払うから」と依頼された。(c)Aは思わず了承しかけたが，高校時代に「経済活動と法」を学習していて，何らかの規定があったのを思い出し，返事を留保した。

問1．下線部(a)を何というか，次のなかから最も適切なものを一つ選びなさい。

　ア．礼金　　イ．敷金　　ウ．申込証拠金

問2．下線部(b)の内容として，次のなかから適切なものを一つ選びなさい。

　ア．当初の契約には30年以上，最初の更新の際には20年以上，その後の更新の際には10年以上とされる。

　イ．1年未満の期間も有効とされ，契約の更新ということはなく，期間満了で借家関係は終了する。

　ウ．正当の事由がない限り，家主の更新拒絶や解約申し入れが認められず，1年以上の期間を定めた場合には，期間満了の1年前から6か月前までの間に，更新拒絶の通知をしないと，同一条件で更新したものとみなされる。

問3．下線部(c)についてAの返答として，次のなかから適切なものを一つ選びなさい。

　ア．契約自由の原則があるので転貸も自由ですから，何の問題もなく転貸をしますよ。

　イ．転貸をするのには裁判所の承諾が必要です。したがって，裁判所の許可がおりなければ転貸はできません。

　ウ．転貸をするのには家主の承諾が必要です。したがって，無断で転貸すると契約を解除される可能性があります。

選択問題Ⅰ〔会社に関する法〕

1 次の文章を読み，問いに答えなさい。

Aは株式投資に興味をもち，将来有望な株式会社の株式を購入しようと考えた。そこでネット証券に証券口座を作成し，さっそくX株式会社の株式を購入してみた。

株主になると会社の経営に参加する権利と(a)経済的な利益を得る権利が認められる。また会社の経営に参加する権利のなかには，(b)株主が所有する株式の数にかかわりなく行使できる単独株主権と，一定数以上の株式を持っている株主だけが行使できる少数株主権とがある。Aは最低の単元数の株式しか購入していないので，単独株主権はあるが少数株主権の行使は無理なようだった。少数株主権として，株主総会の会議の目的である議題を提案することができる議題提案権や，具体的な決議事項である議案を提出することができる議案提出権などもあることがわかった。

そして株主総会が開催される時期となり，Aも実際に株主総会に参加してみた。(c)定款に別段の定めがある場合を除き，議決権をもつ株主の議決権の過半数を定足数とし，出席した株主の議決権の過半数で成立する決議にも実際に議決権を行使してみた。

問1．下線部(a)を何というか，次のなかから適切なものを一つ選びなさい。

　　ア．自益権　　　イ．共益権　　　ウ．少数株主権

問2．下線部(b)の具体例として，次のなかから適切なものを一つ選びなさい。

　　ア．取締役の解任を請求する権利
　　イ．株主総会の招集を請求する権利
　　ウ．株主総会の議決権を行使する権利

問3．下線部(c)を何というか，次のなかから適切なものを一つ選びなさい。

　　ア．普通決議　　　イ．特別決議　　　ウ．特殊決議

2 次の文章を読み，問いに答えなさい。

A社はB社に商品100万円を売り上げて，B社が振り出した約束手形を受け取った。その場では気が付かなかったが，(a)B社は後日あらためてA社に補充してもらうつもりで手形要件の一部を記載しないで約束手形を振り出していた。

A社はB社と相談して，(b)支払期日を令和○9年4月2日と記入することにした。

問1．下線部(a)のような手形を何というか，漢字4文字で正しい用語を記入しなさい。

問2．下線部(b)の支払呈示期間について，次のなかから正しいものを一つ選びなさい。ただし，休日は考慮しないものとする。

　　ア．令和○9年4月2日から4月3日までの2取引日
　　イ．令和○9年4月2日から4月4日までの3取引日
　　ウ．令和○9年4月1日から4月10日までの10取引日

選択問題Ⅱ〔企業の責任と法〕

1 次の文章を読み，問いに答えなさい。

勤務先が経営破たんしたため，Aはハローワークで就職のあっせんを受けることにした。求人票には(a)賃金・労働時間・休日および年次有給休暇などの労働条件に関する一定の要件を定めた法律にもとづいて，採用の条件が記載されていた。

さらに加入保険として，(b)労働者災害補償保険や健康保険も記載されていた。Aはいろいろな会社の求人票を見てまわったが，一部の会社では加入保険の欄が空白になっている求人票もあった。Aは加入保険の欄もチェックして応募しようと決心した。また，(c)一定日数，給料が差し引かれることなく付与される休暇についても注意して見るようにした。

問1．下線部(a)の法律名を何というか，次のなかから正しいものを一つ選びなさい。
　ア．労働組合法　　イ．労働基準法　　ウ．労働関係調整法

問2．下線部(b)の内容として，次のなかから正しいものを一つ選びなさい。
　ア．業務上の疾病や負傷を保険の対象とし，保険料は事業主の全額負担とする。
　イ．失業や育児休業を保険の対象とし，保険料は事業主と被保険者の折半負担とする。
　ウ．業務外の疾病や負傷を保険の対象とし，保険料は事業主と被保険者の折半負担とする。

問3．下線部(c)を何というか，次のなかから適切なものを一つ選びなさい。
　ア．介護休暇　　イ．育児休暇　　ウ．年次有給休暇

2 次の文章を読み，問いに答えなさい。

会社員のAが帰宅途中に「パソコンの勉強を格安でしてみませんか」と声をかけられ，喫茶店で話を聞いているうちに，そのまま勢いで契約してしまった。代金は「マニュアルとDVDのセットで50万円」ということで，(a)割賦販売で購入することにした。

しかしながら自宅に帰って冷静に考えてみると，今回の契約は高校時代に「経済活動と法」で学習したキャッチセールスではないかという疑惑をいだくようになった。そこで，(b)一定の期間内であれば契約解除ができる制度を利用することにして，翌日契約を解除した。

問1．下線部(a)の内容として，次のなかから正しいものを一つ選びなさい。
　ア．商品代金を1か月以上の期間にわたり2回以上の分割で売買すること。
　イ．商品代金を2か月以上の期間にわたり2回以上の分割で売買すること。
　ウ．商品代金を2か月以上の期間にわたり3回以上の分割で売買すること。

問2．下線部(b)を何というか，正しい用語を記入しなさい。

第3回
商業経済検定試験問題
〔経済活動と法〕

解答上の注意

1．この問題のページはp.122からp.136までです。

2．解答はすべて別紙解答用紙(p.157)に記入しなさい。

3．文字または数字で記入するもの以外はすべて記号で答えなさい。

4．選択問題Ⅰ〔会社に関する法〕・選択問題Ⅱ〔企業の責任と法〕は
2分野のうち1分野を解答すること。2分野を解答した場合は，
選択問題すべてを無効とします。

5．計算用具や六法全書などの持ち込みはできません。

6．制限時間は50分です。

1 次の文章を読み，問いに答えなさい。

2021（令和3）年10月1日に埼玉県は，エスカレーターにおける利用者災害が増加傾向にあり，特にエスカレーターを歩行中に転倒する事故が多発していたことから，(a)「埼玉県エスカレーターの安全な利用の促進に関する条例」の(b)効力を発生させた。埼玉県や県民，そして関係するさまざまな企業の責任を明らかにし，エスカレーターを利用するさいの歩行を禁止することで安全なエスカレーターの利用を確保することが目的である。その第5条には「エスカレーターを利用する者は，立ち止まった状態でエスカレーターを利用しなければならない」と明記してある。こうした条例は，憲法や民法などと同じように文章の形に書き表されている法として分類される。これに対して，判例法や慣習法のように(c)文章の形に書き表されていない法もある。

問1． 下線部(a)はどのような法か，次のなかから正しいものを一つ選びなさい。
 ア．地方公共団体の長が制定した法
 イ．地方公共団体の議会が制定した法
 ウ．地方公共団体の有識者が制定した法

問2． 下線部(b)を何というか，次のなかから適切なものを一つ選びなさい。
 ア．公布　　イ．制定　　ウ．施行

問3． 下線部(c)を何というか，漢字3文字で正しい用語を記入しなさい。

2 次の文章を読み，問いに答えなさい。

　法は，納税の義務や選挙権の行使などのように国や地方公共団体と国民の関係を規律する(a)公法と，商品の売買や物の貸借など個人相互の関係を規律する(b)私法に分類することができる。

　そしてまた，どのような場合にどのような権利や義務があるのかといった，権利や義務の実体そのものについて定めた実体法と，権利や義務を裁判などによって具体的に実現する手続きについて定めた手続法に分類することもできる。

　さらに，法の適用が当事者の意思にかかわりなく強制される強行法規（強行規定）と，(c)当事者が法と異なる内容を定めたときはその意思が尊重されて適用されない法規とに分類することもできる。

問１．下線部(a)および下線部(b)の具体例の組み合わせとして，次のなかから正しいものを一つ選びなさい。
　　ア．(a)会社法・(b)独占禁止法　　イ．(a)借地借家法・(b)憲法　　ウ．(a)刑法・(b)商法

問２．下線部(c)を法の分類として何というか，漢字２文字を補って正しい用語を完成させなさい。

3 次の文章を読み，問いに答えなさい。

　４月から新しい会社に勤務するＡは引越しが必要なため，転居先を探していた。しかしながら，Ａは犬と一緒に暮らしており，転居先にはぜひとも犬も一緒に連れていきたいと考えていた。インターネットで物件を検索していると，「猫との同居可」としている借家を見つけた。そこでさっそく電話をしてみると，「(a)お断りをさせていただいているように，猫は飼えるのです。これだけは確実にいえます。しかし，それ以外は家主さんのお気持ち次第ですので，一度問い合わせてみます」と不動産会社の社員に言われた。

　その場では電話を一度切ったが，後日あらためて　「(b)猫が飼えるとすると犬も飼えると解釈するのはだめなのですか？」と再び問い合わせをしてみた。しかし，その家主は猫は好きだが，犬は苦手ということで断られた。そこで別の不動産会社にあたってみたところ，「ペットとの同居可」としている借家を見つけて無事に転居することができた。

問１．下線部(a)を法の解釈としてみた場合に何というか，漢字２文字を補って正しい用語を完成させなさい。

問２．下線部(b)を論理解釈としてみた場合，どのように分類されるか，次のなかから適切なものを一つ選びなさい。
　　ア．法文の字句・文章の意味から抜け落ちた事項について，法文とは逆に解釈する反対解釈
　　イ．法文の字句・文章の意味の範囲を狭めて解釈する縮小解釈
　　ウ．類似する他の事項の法文から推しはかって解釈する類推解釈

4 次の文章を読み，問いに答えなさい。

　Aは軽井沢の別荘地を旅行したさいに見た豪華な別荘に憧れ，地主Bから土地を借りて一軒家を建てることにした。最初は(a)地上権を設定して土地を利用しようとしたが，地上権には強い効力があるので地主Bの同意が得られず，土地を借りる賃貸借契約を締結することにした。ただし，土地を賃貸借するときも地主Bは登記を嫌がったので，結局その土地には賃借権の登記もしていない。しかし，土地の上に新たに建てた住宅はAのものなので，その登記はおこなった。また，住宅の建築代金3,000万円はAの父親から借りることにした。

　それから2年が経過した時点で，地主Bから「実はちょっと事情があって，土地をCさんに売ることになったんだ。土地の賃貸借契約については，Cさんとよく話し合ってほしい」という連絡を受けた。また，ほぼ同時にAの父親が突然亡くなり，母親も既に亡くなっていたため，一人っ子だったAは父親の財産のすべてを相続することになった。

　Aは建物の登記はしているが，土地については地上権の登記も賃借権の登記もしていない。また，父親から借りた3,000万円についてもどうしてよいかわからない。そこで法律に詳しい友人に質問をしてみると，「(b)不動産の賃借権は債権だけれど，物権と同じような効力がある。だから，建物の登記さえしてあれば，新しい地主のCさんも土地を貸してくれると思うよ」という返事が返ってきた。また，「(c)お父さんから借りた3,000万円については，全財産をA君が相続するわけだから，その借金はなくなるよ」とも教えてもらった。

問1． 下線部(a)の説明として，次のなかから適切なものを一つ選びなさい。
　ア．モノレールを敷設したり，建物を建てたりするなどのために，他人の土地を使用できる用益物権
　イ．通行したり，引水したりするなど，自分の土地の利用のために他人の土地を利用できる用益物権
　ウ．耕作や牧畜をおこなうために，小作料を支払って他人の土地を使用できる用益物権

問2． 下線部(b)のことを何というか，次のなかから正しいものを一つ選びなさい。
　ア．不動産賃借権の流動化　　イ．不動産賃借権の固定化　　ウ．不動産賃借権の物権化

問3． 下線部(c)のことを何というか，次のなかから正しいものを一つ選びなさい。
　ア．混同　　イ．免除　　ウ．更改

5 次の文章を読み，問いに答えなさい。

　民法ではすべての人に権利能力を認めている。しかし，権利や義務を発生させる法律行為については，(a)意思能力のない人と取引をした相手方が損害をこうむる可能性があるので，すべての人に行為能力を認めているわけではない。

　そのため，(b)未成年者・成年被後見人・被保佐人・被補助人が法律行為を行ったときは，必要に応じてその法律行為を取り消すことができる制度を民法は設けている。しかし，これらの人が(c)あたかも行為能力者であるかのように誤信させるような手段を用いて取引をした場合には，もはや保護する必要はないので，その法律行為を取り消すことはできない。

　例えば80歳を超えて意思能力に不安を覚えたＡが補助開始の審判を受け，息子が補助人に選任されたとする。このとき(d)一定の法律行為については取り消すことができるので，安心して生活が送れるようになる。

問１．下線部(a)の意味として，次のなかから適切なものを一つ選びなさい。
　　ア．一人で完全に有効な法律行為をすることができる資格
　　イ．自分の行為の結果を正常に判断できる能力
　　ウ．権利・義務の主体となることができる資格

問２．下線部(b)を総称して何というか，次のなかから正しいものを一つ選びなさい。
　　ア．行為能力者　　　イ．制限行為能力者　　　ウ．心神喪失者

問３．下線部(c)のことを何というか，次のなかから正しいものを一つ選びなさい。
　　ア．偽証　　　イ．過失　　　ウ．詐術

問４．下線部(d)についてＡの法律行為はどのように扱われるか，次のなかから適切なものを一つ選びなさい。
　　ア．Ａが行った法律行為は，日用品の購入など日常生活に関する行為を除いて，Ａ本人または息子によって取り消すことができる。あらかじめ息子の同意を得て行った法律行為であっても取り消すことができる。
　　イ．Ａは，日用品の購入など日常生活に関する行為は自由にできるが，預金の管理や財産の処分など特定の法律行為については息子の同意が必要になる。
　　ウ．Ａは，日用品の購入など日常生活に関する行為は禁止されるが，預金の管理や財産の処分など特定の法律行為については息子の同意なしに自由にできる。

6　次の文章を読み，問いに答えなさい。

　物はさまざまな観点から分類され，民法ではその取り扱いを区分している。私たちは権利の主体としてさまざまな物を支配し，この支配を通して経済活動を行っている。そして(a)支配されている財産が権利の主体に対応して，権利の対象物となる。

　民法では原則として固体・液体・気体といった空間の一部を占める有形的なものを，有体物として物と規定している。一方，(b)熱や光といった空間の一部を占めない無形的なものを無体物としている。無体物は空間の一部を占めないので，原則として物には含まれないが，人によって支配・管理することが可能で取引の対象となる無体物については，物として取り扱われる場合もある。

　こうした物と物との間には特別な関係がある。例えば，金庫と鍵の関係である。金庫は独立した物であるが，金庫に付属された鍵がなければ使用することができない。こうした場合，金庫を主物，鍵を従物といい，(c)民法は２つの独立した物がお互いに経済的効用を補いあっている場合の売買取引についても規定している。

問１．下線部(a)を何というか，次のなかから適切なものを一つ選びなさい。
　　ア．権利の移転　　　イ．権利の濫用　　　ウ．権利の客体

問２．下線部(b)について，次のなかから適切なものを一つ選びなさい。
　　ア．電気は有体物であり，したがって法律上物として扱われる。
　　イ．電気は有体物ではないので，法律上も物としては扱われない。
　　ウ．電気は有体物ではないが，法律上は物として扱われる。

問３．本文の主旨から，下線部(c)について，次のなかから適切なものを一つ選びなさい。
　　ア．金庫の鍵は金庫の従物となるので，金庫を売却すると鍵も売却したことになる。
　　イ．金庫の鍵は金庫の従物となるが，金庫とは独立した物になるので，金庫を売却したからといって鍵も売却したことにはならない。
　　ウ．金庫と金庫の鍵が同時に販売されることを民法は予定していないので，それぞれ別個に売却するのが原則となる。

7 次の文章を読み，問いに答えなさい。

　高校を卒業して就職したAは商品企画課に配属された。上司から，最近は無形資産の価値が増大していることから，自社の無形資産を保護するのと同様に，他社の無形資産についても注意が必要な旨を教えてもらった。

　例えば会社から支給された名刺には，会社のロゴマークが印刷されていたが，このロゴマークも商標権として(a)管轄官庁に登録しているということだった。また，商標権以外に(b)実用新案権や意匠権なども勉強するように言われた。

　入社して数か月すると，Aの会社の実用新案権を侵害している可能性がある他社の新製品が発見された。Aは上司とともに，(c)産業財産権について専門的な知識をもち，産業財産権の権利に関する手続きや紛争処理を行うための国家資格を有しているBの事務所に行くことになった。

問１．下線部(a)の管轄官庁はどこか，次のなかから適切なものを一つ選びなさい。
　ア．経済産業省　　イ．裁判所　　ウ．特許庁

問２．下線部(b)の内容として，次のなかから最も適切なものを一つ選びなさい。
　ア．文字・図形・記号，立体的形状もしくは色彩またはこれらの結合や音などに関する権利
　イ．商品の形・構造・組み合わせについての産業上の考案のことであり，管轄官庁に登録すると，その商品の製造や販売などを出願の日から10年間独占できる権利
　ウ．新しい機械装置や器具の発明に関して，管轄官庁に登録すると発明品の製造や販売，発明した方法の使用などを出願の日から20年間独占できる権利

問３．下線部(c)を何というか，次のなかから正しいものを一つ選びなさい。
　ア．司法書士　　イ．行政書士　　ウ．弁理士

8 次の文章を読み，問いに答えなさい。

　証券取引所に上場している株式について，Ａ証券は１株あたり60万円で売却すべきところ，オペレータのミスによって１円で60万株を売却するという入力データを証券取引所に送信してしまった。Ａ証券はこの結果，約400億円の損害をこうむることになったが，「入力ミスを防止するシステムを構築していない」という理由で，Ａ証券は証券取引所を訴えることにした。

　証券取引所に勤務しているＢは「そもそも入力ミスをしたのはＡ証券ではないか」と思ったが，上司と相談して，裁判所で判決が出る前に約100億円をＡ証券に仮払いしておくことにした。これは，もし証券取引所に損害賠償責任を求める判決が出た場合，(a)法律に記されている，利息を生ずべき債権について別段の意思表示がないときの利率が適用されると，利息部分の金額がとてつもなく巨額になるためである。逆にもしＡ証券の責任が裁判所で認められれば仮払いした金額に利息部分が上乗せされて証券取引所に返却されることになる。この利率については，2020（令和２）年４月に施行された改正民法では３％と定められ，銀行の１年未満の貸付金利などを参考としつつ３年ごとに変更される変動制が採用されている。400億円の３％は12億円で，けっして小さな額ではない。

　また証券取引所では万が一に備えて，資金を借り入れることにした。金融機関から(b)連帯保証人を求められたので，証券取引所開設以来から交流が続いている鉄鋼メーカーに引き受けてもらうことにした。鉄鋼メーカーの経理担当部長は，ＢとＢの上司に対して，「(c)この裁判の決着がついたら，晩御飯をご馳走しますよ」と言った。

問１．下線部(a)を何というか，漢字２文字を補って正しい用語を完成させなさい。

問２．下線部(b)の説明として，次のなかから最も適切なものを一つ選びなさい。
　ア．証券取引所と鉄鋼メーカーのそれぞれが債務全体について履行の責任を負う。ただし，証券取引所と鉄鋼メーカーの間には，一定の負担割合が定められている。
　イ．証券取引所が債務を履行しない場合に，証券取引所に代わって鉄鋼メーカーが債務を履行する義務を負う。なお，鉄鋼メーカーは催告の抗弁権や検索の抗弁権をもつ。
　ウ．証券取引所と並んで鉄鋼メーカーは債務を負う。催告の抗弁権や検索の抗弁権はもたないため，金融機関から証券取引所と同じように債務の履行を請求される。

問３．下線部(c)のような条件を何というか，次のなかから正しいものを一つ選びなさい。
　ア．停止条件　　イ．不能条件　　ウ．解除条件

⑨ 次の文章を読み，問いに答えなさい。

　　Aは祖母から，「室町時代から我が家に伝わる貴重なもの」と言われて水墨画をもらった。そのまま手もとに置いていたところ，古美術商を営むBから「一定期間にわたり店頭に飾らせてもらえないか」と依頼され，(a)1か月にわたり無償で貸し出し，その後返却してもらうことにした。

　　1か月後無事に水墨画が返却され，Aは平穏な日々を送っていたが，ある日Bの店頭で水墨画を見たというCがAの自宅を訪れた。貴重な水墨画のように思えるが，10万円で譲ってくれとCからAは言われたが，Aは祖母の思い出の品ということでその申し出を断った。その瞬間Cが突然怒り出し，(b)「この私が売ってくれと言っているのにどうして売らないのか。怖い目にあいたいのか」と大声で叫び出した。Aは恐怖感を感じ，本来は売りたくなかったがCと水墨画の売買契約を締結することにした。

　　その後，Aから水墨画を10万円で購入したCは，それまでの事情をまったく知らないDに水墨画を50万円で売却した。古美術商のBはあるときそれを知って，「Aさんがかつてお持ちだった水墨画をDさんが持っていましたよ。思い出がつまった貴重な芸術作品でしたのに売却されたのですね」とAに言った。

　　Aはもともと売りたくなかった水墨画をCに売却したことをずっと後悔していた。しかし，(c)事情をまったく知らず，落ち度がないDに対して「水墨画を返してくれ」と主張できるのかどうかまったくわからない。そこで民法の規定を調べてみることにした。

問1．下線部(a)のような貸借契約を何というか，次のなかから正しいものを一つ選びなさい。

　ア．使用貸借　　イ．賃貸借　　ウ．消費貸借

問2．下線部(b)のような意思表示を何というか，次のなかから正しいものを一つ選びなさい。

　ア．錯誤による意思表示　　イ．強迫による意思表示　　ウ．詐欺による意思表示

問3．本文の主旨から下線部(c)の結論として，次のなかから最も適切なものを一つ選びなさい。

　ア．AはCとの売買契約を取り消すことはできないが，善意・無過失の第三者であるDに対しては，売買取引の無効を主張できるので，水墨画を返してもらえる。

　イ．AはCとの売買契約を取り消すことはできるが，善意・無過失の第三者であるDに対しては，売買取引の取り消しを主張できないので，水墨画は返してもらえない。

　ウ．AはCとの売買契約を取り消すことができ，善意・無過失の第三者であるDに対しても売買契約の取り消しを主張できるので，水墨画を返してもらえる。

10 次の文章を読み，問いに答えなさい。

　青果店を営むAは「美味しいリンゴを産地から直接仕入れて安く販売しよう」と考えて，遠方で果樹園を営むBに対して，「1箱5,000円で(a)20箱分のリンゴを注文したい」という手紙を1月15日に郵便ポストに投函した。その後，1月17日にその手紙をBは受け取り，1月18日に承諾の手紙を郵便ポストに投函して，1月20日にAはその手紙を受け取った。(b)このとき契約の成立日は民法の規定によって確定していることになる。

　こうした場合，実務的にはいつまでも返事を待つわけにもいかないので，「何日までにご返答をいただけない場合には申し込みはなかったものとします」といった条件や(c)期限，期間を定めることが多い。

問1．下線部(a)のようなものを何というか，次のなかから正しいものを一つ選びなさい。
　ア．附合物　　イ．特定物　　ウ．不特定物

問2．本文の主旨から，(b)の説明として次のなかから最も適切なものを一つ選びなさい。
　ア．Bは承諾の意思表示を1月18日に示しているので1月18日に契約が成立したことになる。
　イ．2020(令和2)年4月施行の改正民法では意思表示は到達主義によるので1月20日に契約が成立したことになる。
　ウ．取引の迅速化がなによりも大事なのでBがAから手紙を受け取った1月17日に契約が成立したことになる。

問3．下線部(c)について，次のなかから最も適切なものを一つ選びなさい。
　ア．何日間とか何週間とかというように，ある時点からほかの時点までの継続した時間を期限という。
　イ．法律行為の効力の発生または消滅が，将来必ず到来する事実にかかっている場合，その事実を期限という。
　ウ．契約の効力の発生が将来の不確定な事実にかかっている場合に，その不確定な事実を期限という。

11 次の文章を読み，問いに答えなさい。

　Aは中古のマンションを探しており，街の不動産屋で格安の物件を発見した。ただし不動産取引には専門知識や実務経験が必要と聞いたので，不動産会社に勤務する知人のBに，その物件の不動産登記簿を見せて相談することにした。

　Bは不動産登記簿を見て，「このマンションには，(a)住宅ローンを返済できない場合に，そのマンションを競売して，その代金から優先的に弁済を受けることができる権利が登記されているよ」とAに教えた。

　Aは驚いたが，Bは「こうした権利は不動産登記簿の乙区という部分を見ると概要がわかるようになっているので，次からは不動産登記簿をもっと注意深く見たほうがいいよ」とアドバイスした。

　後日，不動産登記簿を丹念に調べて，さらに別の物件を見つけたAは再びBに相談してみた。そうするとBは「特に問題もないので，購入しても大丈夫だろう。でも(b)もとの持ち主の名義からAさんの名義に変更する登記をしっかりしておかないと，第三者から何か言われても自分の所有権を主張できなくなるよ」と注意された。

問1．下線部(a)のような担保物権を何というか，次のなかから正しいものを一つ選びなさい。

　ア．先取特権　　イ．留置権　　ウ．抵当権

問2．下線部(b)のような登記を何というか，次のなかから正しいものを一つ選びなさい。

　ア．保存登記　　イ．移転登記　　ウ．抹消登記

12 次の文章を読み，問いに答えなさい。

　Aは3月末に海外出張にでかけることになり，3月15日に届くように最高級のキャリーバッグをカバン屋に注文し，内金として1万円を支払った。その後，3月15日を迎えたところカバン屋から連絡があり，(a)仕入の状況が厳しいため納品が間に合わないということになった。カバン屋によると3月16日ならば注文されたキャリーバッグを届けられるという。しかし海外出張の準備をするために早くキャリーバッグを入手したいと考え，(b)Aはキャリーバッグの売買契約を解除することにした。

問1．下線部(a)のような債務不履行を何というか，次のなかから適切なものを一つ選びなさい。
　　ア．履行不能　　イ．履行遅滞　　ウ．不完全履行

問2．本文の主旨から，下線部(b)の結論として，次のなかから適切なものを一つ選びなさい。
　　ア．Aはカバン屋との売買契約を解除することはできず，3月16日に注文したキャリーバッグを受け取り，残りの代金を支払わなければならない。
　　イ．Aはカバン屋との売買契約を解除することはできるが，これはAの都合によるものなので，カバン屋は1万円を返却する必要はない。
　　ウ．Aはカバン屋との売買契約を解除することができ，カバン屋はAから受け取っていた内金を返金しなければならない。

13 次の文章を読み，問いに答えなさい。

　契約から生じる債権は，あまりに長い間行使しないで放置すると，権利の行使ができなくなる。これを消滅時効という。債権の消滅時効は，(a)債権者が権利を行使することができることを知ったときから一定期間と，権利を行使することができるときから10年間の二本立ての構成となっている。これは，債権者が権利を行使することができるときだけだと，債権者が知らない間にその債権が消滅する可能性があるためである。

　改正前の民法では，職業別あるいは債権別に消滅時効が細かく規定されていたが，合理性がないことから廃止された。その一方で，人の生命や身体の侵害による損害賠償請求権については，債権者の保護のために例外規定を設けている。

　時効については，(b)利益を受ける当事者がそれを主張しない限り，裁判所は取り上げないことになっている。また，時効の利益は放棄することもできるが，時効完成前にあらかじめ放棄することは認められない。

問1．下線部(a)に定める期間について，次のなかから正しいものを一つ選びなさい。
　　ア．1年　　イ．3年　　ウ．5年

問2．下線部(b)のようなことを何というか，漢字2文字を補って正しい用語を完成させなさい。

14 次の文章を読み，問いに答えなさい。

18歳のAが，信号が青になったので横断歩道を渡っていると，(a)B会社勤務のCが勤務中に運転する自動車が交差点に進入してきて接触し，その場で転倒した。幸い命に別状はなかったが，腕を骨折し，3週間の治療を要した。明らかにCによる前方不注意で，Aとその両親は賠償金を請求することを考えた。民法を調べてみるとこうした場合の規定があり，(b)AとAの両親は民法の規定にもとづいて，賠償金の請求を行うことにした。

問1． 下線部(a)のようなCの行為を何というか，次のなかから正しいものを一つ選びなさい。

　　ア．詐害行為　　　イ．不法行為　　　ウ．威迫行為

問2． 本文の主旨から，下線部(b)の結論として，次のなかから最も適切なものを一つ選びなさい。

　　ア．勤務時間中にB会社勤務のCが運転していたときの交通事故なので，Cの使用者であるB会社が賠償金を支払い，その後B会社には，交通事故を起こしたCに対する求償権が認められる。

　　イ．勤務時間中にB会社勤務のCが運転していたときの交通事故であるといっても実際に運転していたのはCなので，まずCが賠償金を支払うのが原則である。

　　ウ．勤務時間中にB会社勤務のCが運転していたときの交通事故なので，Cの使用者であるB会社が賠償金を支払う。しかし，その後B会社には，交通事故を起こしたCに対する求償権などは認められない。

15 次の文章を読み，問いに答えなさい。

大学生のAは，大の読書好きで自宅の部屋は本であふれていた。ある日，知人のBから「この有名な作家が書いた本を売ってくれないか」と頼まれ，その本を売ることにした。しかしながらその後，その本をBに発送しようとして手にとってみると，あらためて内容が面白く感じられた。(a)そこでBに電話して，「とりあえずあの本はBさんに売却しましたが，しばらく私に貸してもらえないでしょうか」と頼んでみた。Bから快く承諾されたので，Bから本を借りる形でその本を読むことにした。

後日，AはBにその本を送付してお礼を言った。同時に，もし自分がうっかりして，その本を別の知人Cに売却してしまっていたらどうなっていただろうと考えた。民法には，(b)登記や占有といった所有権がありそうな外形を信じて取引をした者を保護する原則がある。だからもし善意無過失のCに売却していたら，(c)BとCの間で争いが起こっていた可能性がある。Aは勉強のために，そうした架空の事例について民法を研究してみることにした。

問1． 下線部(a)のような引き渡しの方法を何というか，次のなかから正しいものを一つ選びなさい。

　　ア．現実の引き渡し　　イ．簡易の引き渡し　　　ウ．占有改定

問2． 下線部(b)の原則を何というか，漢字2文字を補って正しい用語を完成させなさい。

問3． 本文の主旨から，下線部(c)の結論として，次のなかから適切なものを一つ選びなさい。

　　ア．善意無過失のCが本の所有権を取得する。

　　イ．先に所有権を取得したBが所有権を取得する。

　　ウ．善意無過失のCと先に所有権を取得したBが共有することになる。

16 次の文章を読み，問いに答えなさい。

　売買など取引を行う場合，他人の助けを得ながら取引をしたほうが効果的な場合が多い。例えば東京都に住むＡが大阪府に住むＢの助けを得ることができれば，それだけより多くの取引を広範囲に展開することができる。こうしたときに利用されるのが代理制度である。

　代理制度とは，本人に代わって他の者が契約などの法律行為を行うことを認める制度で，(a)本人が自分で代理人を選んで一定の範囲の代理権を与えることによって成立する代理制度と，法律の規定によって代理人とその権限の範囲が定められている代理制度とがある。前者の代理制度では，(b)本人から代理人に代理権を与えたことを証明する書類が渡されることが多い。

　ただし，代理人が本人の意思とは無関係に契約を締結してしまうことがある。これを無権代理といい，無権代理は本人が追認しない限り，本人に対しては効力が発生しない。しかし，本人と無権代理人の間に特別な関係があり，相手方が無権代理人を正当な代理人であると信じてもやむをえない事情がある場合には，別の規定が用意されている。(c)例えば代理権が消滅したのにもかかわらず，無権代理人があいかわらず代理人であるかのように装って，取引の相手方が無権代理人を正当な代理人と信じてもやむをえない事情があった場合である。

問１． 下線部(a)を何というか，次のなかから正しいものを一つ選びなさい。
　　ア．復代理　　イ．法定代理　　ウ．任意代理

問２． 下線部(b)を何というか，漢字３文字で正しい用語を記入しなさい。

問３． 下線部(c)の結論として，次のなかから適切なものを一つ選びなさい。
　　ア．無権代理人の代理行為に対して，本人は代理権を消滅させている。したがって，本人が追認しない限り代理行為は無効である。
　　イ．無権代理人の代理行為に対して，相手方の信頼を保護して，本人と取引の相手方との間に有効な代理行為があったのと同じ効果が認められる。
　　ウ．無権代理人の代理行為については，そもそも代理権が消滅している以上，いかなる場合であっても代理行為は無効である。

17 次の文章を読み，問いに答えなさい。

　Ａさんが庭を見ると隣人のＢの庭に植えられている木が倒れこんでいた。(a)ＡはＢに庭に倒れこんでいる木を取り除くように要求したが，Ｂは「仕事が忙しい」と言ってなかなか取り除いてくれない。そこで弁護士に相談をしてみると，「(b)裁判所に申し立てをして，Ｂの費用で第三者に木を取り除いてもらう旨の決定をしてもらいましょう」ということになった。

問１． 下線部(a)の物権的請求権を何というか，次のなかから正しいものを一つ選びなさい。
　　ア．妨害予防請求権　　イ．妨害排除請求権　　ウ．返還請求権

問２． 下線部(b)の方法を何というか，次のなかから適切なものを一つ選びなさい。
　　ア．直接強制　　イ．代替執行　　ウ．間接強制

選択問題Ⅰ〔会社に関する法〕

1 次の文章を読み，問いに答えなさい。

手形には，権利の流通を促進するという役割が期待されている。そのため(a)法律で定められている事項が記載されていなければ無効となる性質や，(b)権利の内容が証券に記載された文言によって決まるといった性質がある。法律が手形に絶対的に記載を要求している事項を絶対的記載事項という。

手形には，満期の表示が記載される。例えば満期として「令和○年○月○日」などと表示する場合である。こうした特定の日を満期とするものを確定日払いという。また，振り出しの日付から手形に記載した期間を経過した日を満期とする日付後定期払いや，支払いの呈示があった日を満期とする一覧払いもある。(c)法律では，満期の記載がない場合についても規定している。このように，(d)後日補充されることを予定して，手形要件の全部または一部を記載しないで発行される手形もある。

問1． 下線部(a)と下線部(b)は，それぞれ手形のどのような法的性質について述べたものか，次のなかから正しい組み合わせを一つ選びなさい。

 ア．(a)要式証券・(b)文言証券　　イ．(a)設権証券・(b)無因証券　　　ウ．(a)無因証券・(b)文言証券

問2． 下線部(c)のように満期の記載がない場合の規定として，次のなかから正しいものを一つ選びなさい。

 ア．確定日払い　　　イ．日付後定期払い　　　ウ．一覧払い

問3． 下線部(d)のような手形を何というか，漢字2文字を補って正しい用語を完成させなさい。

2 次の文章を読み，問いに答えなさい。

ネット証券を利用してA株式会社の株式を購入したBは，A株式会社の定時株主総会の招集通知を受け取った。そこには議案として，(a)「計算書類の承認」や「その他の剰余金の処分および配当」が記載されていた。また，(b)監査役の選任についても議案が掲載されていた。当初は株価が上がればすぐに売却するつもりだったが，定時株主総会にも一度出席してみようとBは考えた。

問1． 下線部(a)の議案を決議する方法として，次のなかから適切なものを一つ選びなさい。

 ア．特別決議　　　イ．特殊決議　　　ウ．普通決議

問2． 下線部(b)の権限として，次のなかから正しいものを一つ選びなさい。

 ア．取締役の選任および解任に関する議案の内容を決定する権限

 イ．会社の業務に関する一切の裁判上または裁判外の行為をする権限

 ウ．会計参与ならびに支配人その他の使用人に対して事業の報告を求める権限

選択問題 II〔企業の責任と法〕

1 次の文章を読み，問いに答えなさい。

　Aが自宅でくつろいでいると，いきなり見知らぬ女性から電話がかかってきた。
「(a)Aさんはこの度当社のプレゼントキャンペーンでめでたく当選されました。ただし，当選商品を受け取る前に弊社のアンケートに答えていただく必要がございます。つきましては一度お会いしてお話を伺えないでしょうか」ということだった。

　Aさんは喜んで喫茶店で会うことにした。ところが，実際に会ってみると，英会話の教材を1セット購入しないかという勧誘の話だった。喫茶店に来たことを後悔したAさんだったが，巧みな話術に負けて，その教材を購入することを約束してしまった。

　その1週間後，薄い英会話の教材と30万円の請求書が自宅に送付されてきた。冷静になったAさんは(b)クーリング・オフの手続きをとり，(c)期限内に契約の解除をすることとした。

問1． 下線部(a)のような販売方法を何というか，次のなかから適切なものを一つ選びなさい。
　　ア．キャッチセールス　　イ．アポイントメントセールス　　ウ．ネガティブオプション

問2． 下線部(b)の説明として，次のなかから適切なものを一つ選びなさい。
　　ア．店舗以外の場所や通信販売によって売買契約が行われた場合に，一定の冷却期間を置こうとするもので，一定期間内であれば，原則として契約の撤回または解除ができる権利
　　イ．営業所などの店舗で売買契約が行われた場合に，一定の冷却期間を置こうとするもので，一定期間内であれば，原則として契約の撤回または解除ができる権利
　　ウ．店舗以外の場所で売買契約が行われた場合に，一定の冷却期間を置こうとするもので，一定期間内であれば，原則として契約の撤回または解除ができる権利

問3． 下線部(c)の期限として，次のなかから正しいものを一つ選びなさい。
　　ア．起算日から7日以内　　イ．起算日から8日以内　　ウ．起算日から10日以内

2 次の文章を読み，問いに答えなさい。

　新入社員のAは，B会社に入社してから(a)会社内の規律や労働時間，賃金や労働条件などの規則類を冊子にしたものをもらった。さらに社員教育の講師から，社員が会社で働くということは(b)労働者が使用者の指図にしたがって働くことを約束し，使用者がそれに対して賃金を支払うことを約束する契約であることを教えてもらった。Aはさらに研修や実務を通じて知識と経験を増していこうと考えた。

問1． 下線部(a)のような規則を何というか，漢字4文字で正しい用語を記入しなさい。

問2． 下線部(b)を何というか，次のなかから正しいものを一つ選びなさい。
　　ア．委任　　イ．請負　　ウ．雇用

第4回
商業経済検定試験問題
〔経済活動と法〕

解答上の注意

1．この問題のページはp.138からp.151までです。

2．解答はすべて別紙解答用紙（p.159）に記入しなさい。

3．文字または数字で記入するもの以外はすべて記号で答えなさい。

4．選択問題Ⅰ〔会社に関する法〕・選択問題Ⅱ〔企業の責任と法〕は
　　2分野のうち1分野を解答すること。2分野を解答した場合は，
　　選択問題すべてを無効とします。

5．計算用具や六法全書などの持ち込みはできません。

6．制限時間は50分です。

1 次の文章を読み，問いに答えなさい。

(a)法は文書の形式で存在するかしないかによって，成文法と(b)不文法の2つに分類することができる。また，法の効力の及ぶ範囲で一般法と特別法に分類することもできる。さらに，法が規律する当事者間の関係から(c)公法・(d)私法・(e)公私混合法に分類することができる。

問1 下線部(a)の特徴として，次のなかから適切なものを一つ選びなさい。

ア．行為に対する善悪を判断する基準として，一般的に承認されている。

イ．国家権力によって定められ，その遵守を強制される。

ウ．人々が長い間繰り返しておこなってきたならわしや風習である。

問2 下線部(b)の例として，次のなかから正しいものを一つ選びなさい。

ア．規則　イ．命令　ウ．判例法

問3 下線部(c)・(d)・(e)の法の組み合わせとして，次のなかから正しいものを一つ選びなさい。

ア．(c)憲法・(d)商法・(e)独占禁止法

イ．(c)刑事訴訟法・(d)独占禁止法・(e)商法

ウ．(c)刑法・(d)労働基準法・(e)民法

2 次の文章を読み，問いに答えなさい。

私たちの日常生活は法と深い関わりがある。例えば法によって紛争が予防されるとともに，裁判となっても一定の判断基準として法は機能する。さらに紛争が発生していなくても，日常生活における行為を規制する基準としても法は機能する。

こうした法は，(a)法文に記載された字句や文章の意味を文法的に明らかにして解釈していくのが基本である。ただし，法文を字句通りに解釈するだけでは，どのような場合に何をするべきか，あるいはどのような行為をすればどのような結果となるかといった具体的なことがわからないことも多い。

そこで(b)法の立法目的，他の条文や法秩序全体との関連性を考えて，法文に記載された字句や文章と矛盾しないように解釈することが必要になる。こうした解釈には，法文の字句や文章の意味を逆の意味に解釈する場合や，法文の字句や文章の意味の範囲を縮小して解釈する場合などがある。

問1．下線部(a)について，漢字2文字を補って正しい用語を完成させなさい。

問2．下線部(b)を何というか，次のなかから正しいものを一つ選びなさい。

ア．反対解釈　　イ．類推解釈　　ウ．論理解釈

3 次の文章を読み，問いに答えなさい。

　私たちの日常生活で，最も一般的な財産権が所有権である。所有権は最も完全な形の物権といえる。しかし，所有権の行使は無制限ではなく，公共の福祉に適合するように法令による制限を受ける。この法令による制限には公法上の制限と私法上の制限とがあり，私法上の制限として民法は相隣関係と呼ばれる種々の制約を定めている。例えば(a)隣の土地にはえている竹木が伸びてきた場合や(b)他人の土地に囲まれて公道に出ることができない土地の所有者の権利について，具体的な規定がある。

問1．下線部(a)の説明として，次のなかから適切なものを一つ選びなさい。
　ア．竹木の根は自分で切り取ることができ，枝は隣人に切り取らせることができる。
　イ．竹木の枝は自分で切り取ることができ，根は隣人に切り取らせることができる。
　ウ．枝も根も自分で切り取ることができる。

問2．下線部(b)のような土地を何というか，次のなかから適切なものを一つ選びなさい。
　ア．承役地　　イ．囲繞地　　ウ．袋地

4 次の文章を読み，問いに答えなさい。

　Aさんは，相続の準備をするために，あらためて土地を測量してみることにした。そうすると自宅の一部が隣人の土地に1メートルほど入り込んでいることがわかった。今住んでいる土地も自宅も50年前からずっと使用してきており，しかもAさん自身は隣人の土地に入り込んでいることについて当初からまったく事情を知らなかった。自宅を取り壊すのも非現実的なので，民法の規定を調べてみると以下のような条文があった。

条文

民法第162条
第1項　20年間，所有の意思をもって，平穏に，かつ，公然と他人の物を占有した者は，その所有権を取得する。
第2項　□□□□□年間，所有の意思をもって，平穏に，かつ，公然と他人の物を占有した者は，その占有の開始の時に善意であり，かつ，過失がなかったときはその所有権を取得する。

　条文を読む限り，Aさんは時効を主張することができそうである。ただし，裁判などによって隣人との関係が気まずくなるのも気が引けたので，Aさんは隣人と話しあってみることにした。

問1．文中の □□□□□ にあてはまる数字を，次のなかから一つ選びなさい。
　ア．10　　イ．20　　ウ．30

問2．下線部のことを何というか，次のなかから適切なものを一つ選びなさい。
　ア．時効の更新　　イ．時効の完成猶予　　ウ．時効の援用

5 次の文章を読み，問いに答えなさい。

　建築会社の営業部に勤務するＡは，改修が必要と思われる建物を探して，所有者に改築を推奨する販売活動を行っている。建築してから数十年が経過した建物は，耐震性や居住性の観点からみても問題が多いので，社会的意義のある仕事として販売活動を頑張っていた。しかし，超高齢社会を迎えて，建築年数が長い建物の所有者に高齢者が増加してきた。会社の法務部からは(a)自分の行ったことの性質や結果を正しく理解したり判断したりする能力が不十分なお客様もいらっしゃるので，販売活動は慎重に行うようにといった指示が出た。

　ある日，庇や壁がかなり傷んでいる建物を見つけ，所有者であるＢさんに会って話をすると，Ａの話をあまり理解している様子ではなかったが，Ｂさんはすぐに契約書に押印してしまった。改修の契約が成立したのは嬉しかったが，Ａは「ひょっとするとＢさんは，(b)被保佐人かもしれない」と考えた。法務部に相談すると「Ｂさんに保佐人がいるのであれば，保佐人に対して，その取引を認めるかどうか催告したほうがよいので法務部で対応する」と返事がきた。

　法務部はすぐさまＢさんの保佐人に連絡をとり，「(c)一定期間内に契約を認めるかどうかＢさんとよく相談して確答をいただけないでしょうか」と依頼し，保佐人もそれを承諾した。しかし，(d)その期間を過ぎても保佐人からは確答がなかった。

問１．下線部(a)を何というか，次のなかから正しいものを一つ選びなさい。
　　ア．訴訟能力　　　イ．権利能力　　　ウ．意思能力

問２．下線部(b)の内容として，次のなかから適切なものを一つ選びなさい。
　　ア．軽度の精神上の障がいにより，物事の道筋を理解する能力が不十分な人
　　イ．精神上の障がいにより，物事の道筋を理解する能力が著しく不十分な人
　　ウ．精神上の障がいにより，物事の道筋を理解する能力を欠く常況にある人

問３．下線部(c)に記されている期間は，民法上どのように規定されているか，次のなかから正しいものを一つ選びなさい。
　　ア．８日以上　　　イ．14日以上　　　ウ．１か月以上

問４．本文の主旨から，下線部(d)の行為と民法の規定により，どのような結論となるか，次のなかから適切なものを一つ選びなさい。
　　ア．Ｂさんとの契約は取り消されたことになる。
　　イ．Ｂさんとの契約は追認されたことになる。
　　ウ．Ｂさんとの契約は保留されたことになる。

6 次の文章を読み，問いに答えなさい。

　会社を経営するＡは，新規事業の設備投資のためにＢ銀行から600万円，親戚のＣから500万円，知人のＤから400万円を借り入れた。借入金の合計金額は1,500万円となる。このとき資金回収を確実にするために，Ａが所有する土地に対して，Ｂ銀行を１番抵当，Ｃを２番抵当，Ｄを３番抵当とする抵当権を設定し，その旨を不動産登記簿に登記した。このときＡの土地には，和風庭園と和風庭園に付着する庭石やホームセンターで購入してきた散水ホースなどが設置されていた。

　その後，Ａは新規事業に失敗し，借入金の返済が不可能になってしまった。(a)Aが所有する土地に対して抵当権が行使され，競売によって1,200万円で売却された。ただし，(b)Aは庭石や散水ホースも庭と一緒に売却されたのかどうかがわからず，調べてみようと思った。

　また，もし(c)抵当権ではなく質権を設定していたらどうなったのだろうと考えた。

問１．下線部(a)について，抵当権が実行された結果，Ｂ・Ｃ・Ｄが受けた弁済額として，次のなかから正しい組み合わせを一つ選びなさい。

　ア．Ｂ銀行　400万円・Ｃ　400万円・Ｄ　400万円

　イ．Ｂ銀行　480万円・Ｃ　400万円・Ｄ　320万円

　ウ．Ｂ銀行　600万円・Ｃ　500万円・Ｄ　100万円

問２．本文の主旨から，下線部(b)について，次のなかから適切なものを一つ選びなさい。

　ア．庭石は土地の従物となるので，土地と一緒に売却されているが，散水ホースは土地の従物ではないので，売却されていない。

　イ．散水ホースは土地の従物となるので，土地と一緒に売却されているが，庭石は土地の従物ではないので，売却されていない。

　ウ．庭石も散水ホースも土地の従物なので，土地と一緒に売却されている。

問３．本文の主旨から，下線部(c)について，次のなかから適切なものを一つ選びなさい。

　ア．民法の規定では質権を設定すると土地の占有は債権者に移動する。

　イ．民法の規定では抵当権も質権も土地の占有については同一である。

　ウ．民法の規定では質権は不動産には設定できない。

次の文章を読み，問いに答えなさい。

　発明・考案・著作など，人間の知的創造活動によって生み出された無形のものが経済的利益をもたらす場合，その利益に対する権利を知的財産権という。特に知的財産権のうち，産業上の無形の利益を保護する権利を産業財産権という。こうした産業財産権は各種の法律によって保護されており，権利者は権利を活用して利益を上げることができる。そしてその利益をもとに新たな発明や考案を行うことができる。こうした循環を産業財産権の知的創造サイクルという。

　産業財産権のなかでも最も(a)新しい機械装置や器具を発明し，特許庁に出願して得られた権利は審査が厳しいとされている。この権利を特許庁に出願し，登録が認められると，権利者には，産業上利用することができるその新規の発明を独占的・排他的に利用できる権利が与えられる。そして他人は無断で同じものを製造したり販売したりすることはできない。

　また，高度消費社会を迎えて，ブランド機能が重視され，ロゴマークの経済的価値も高まっている。この(b)ロゴマークも特許庁に登録すると，他人はそれと同じものを使用することはできず，登録者だけが独占して使用できることになる。

問１．本文の主旨から，下線部(a)のような産業財産権を何というか，漢字３文字で正しい用語を記入しなさい。

問２．下線部(b)の存続期間と延長について，次のなかから正しいものを一つ選びなさい。
　ア．この権利は20年間存続し，それ以降の延長は認められない。
　イ．この権利は20年間存続し，その期間をさらに延長することができる。
　ウ．この権利は10年間存続し，その期間をさらに延長することができる。

8 次の文章を読み，問いに答えなさい。

　建物を所有するために他人の土地を借りる場合に(a)物権を設定するという方法もあるが，あまりにも強い効力をもつため，賃貸借契約が締結されるのが普通である。

　しかし(b)民法の規定だけでは賃借人の地位が不安定で弱いものになってしまうため，特別法によって賃借人を保護している。

問１．下線部(a)に定める物権として，次のなかから正しいものを一つ選びなさい。
　ア．地役権　　イ．地上権　　ウ．入会権

問２．下線部(b)の法律を何というか，漢字４文字を補って正しい法律名を完成させなさい。

9 次の文章を読み，問いに答えなさい。

　Aは自己名義の土地を売却するために，(a)友人のBに代理権を与え，(b)代理権を与えたことを証明する書類をBに渡した。

　(c)代理人となったBはCに対して自らをAの代理人として明らかにした。その上で，北海道S市の土地300m²を5,000万円で売却する契約をCとの間で締結した。

　さらにBはAから渡された委任状とは無関係に，「この土地を売却するとAは喜ぶだろう」と考えて，善意無過失のDとの間でAが東京都港区に所有していた100m²の土地を，1億円で売却する契約を締結した。

```
　私はBを代理人と定め，下記の
事項について代理権を与えます。
　　　　　　　記
　北海道S市の土地300m²の売却
とそれに関するすべての行為
　　　　　　　　署名　　印
　　　　　　　　　　　　以上
```

　このことを知ったAは非常に驚いた。そして，(d)契約の履行を請求するDに対してどうするべきかを調べてみることにした。

問1．下線部(a)の代理について，次のなかから適切なものを一つ選びなさい。

　　ア．法定代理　　　イ．間接代理　　　ウ．任意代理

問2．下線部(b)の書類を何というか，漢字3文字で記入しなさい。

問3．下線部(c)のように表示することを何というか，次のなかから正しいものを一つ選びなさい。

　　ア．外観主義　　　イ．引受主義　　　ウ．顕名主義

問4．下線部(d)について，次のなかから適切なものを一つ選びなさい。

　　ア．DがBを正当な代理人として信じてしまうような事情があったとしても，無権代理には違いないので，Aが追認しない限り契約は無効である。

　　イ．DがBを正当な代理人として信じてしまうような事情があった場合には，表見代理となり，AはDに対して責任を負う。

　　ウ．どのような事情があっても越権行為をしたのはBなので，Bが自分で契約を履行するか，Dに対して損害賠償をするしかない。

10 次の文章を読み，問いに答えなさい。

　何日間とか何週間というように，ある時点からほかの時点までの継続した時間を期間といい，(a)日・週・月・年で期間を定めた場合には，別の規定や約束がない限り，その定めをした当日は端数になるので算入せず，翌日から起算する。ただし，期間の最初の日が午前０時から始まる場合には，この原則は適用されない。

　また，週・月・年の期間の計算は日に換算しないで暦にしたがって計算し，期間が終わった週・月・年の起算日にあたる日の前日を満了点とする。もし，(b)「１月30日から１か月間」というように，最後の月の応当日がないときは別の規定が適用される。

　一方，期間とよく似た概念に期限がある。法律行為の効力の発生または消滅が，将来必ず到来する事実にかかっている場合，その事実を期限という。例えば下宿を探している大学生が親戚から「(c)海外赴任から帰ってくる12月31日まで，自宅を貸してあげるよ」と言われる場合である。

問１　下線部(a)のような原則を何というか，漢字５文字を補って正しい用語を完成させなさい。

問２．下線部(b)の満了点について，次のなかから正しいものを一つ選びなさい。ただし，うるう年ではないものとする。
　　ア．２月28日　　イ．３月１日　　ウ．３月２日

問３．下線部(c)を分類するとどのように分類されるか，次のなかから適切なものを一つ選びなさい。
　　ア．不確定期限　　イ．確定期限　　ウ．履行期限

11 次の文章を読み，問いに答えなさい。

　(a)物権は，民法をはじめとして，法律に定めたもの以外は当事者の合意によって創設することはできない。これはあらかじめ物権の種類を限定して，どのような物権が存在するのかをあらかじめ明らかにする必要性があるためである。不動産に関する物権については特に，(b)広く一般の人々に示すことが必要になってくる。

問１．下線部(a)のような原則を何というか，漢字６文字で記入しなさい。

問２．下線部(b)をあらわす用語として，次のなかから適切なものを一つ選びなさい。
　　ア．公信　　イ．公示　　ウ．公証

12 次の文章を読み，問いに答えなさい。

　走行距離がやや増えてきたので，Aは中古車販売店に行き，中古の自動車を60万円で購入する売買契約を締結した。その契約は(a)頭金6万円を契約時に支払い，残額は金融会社から借り入れて，代金を毎月末に9回に分けて支払うという内容であった。Aはその場で6万円を支払った。

　しかしその後，納車予定日の前日に中古車販売店から連絡がきて，(b)「種々の事情で納車予定日が3日遅れる」ということになった。仕方がないのでAは知人から車を借りて通勤や買い物に出かけた。

　3日後，自動車が納品されたが，(c)実際に運転をしてみるとウインカーがなかなかつかないという不具合があることがわかった。さっそく中古車販売店に連絡すると，「整備不良」ということで謝罪とともに新たな部品を取り付けてくれた。

問1．下線部(a)のような債権担保の手段の説明として，次のなかから適切なものを一つ選びなさい。
　ア．Aが代金の全額を支払うまで，中古車販売店が金融機関に債務の保証をすることによって債権を担保する手段
　イ．Aが代金の全額を支払うまで，自動車の所有権を分割してAに移転することによって債権の担保を行う手段
　ウ．Aが代金の全額を支払うまで，自動車の所有権を金融機関に留保することによって債権の担保を行う手段

問2．下線部(b)のような債務不履行を何というか，次のなかから適切なものを一つ選びなさい。
　ア．履行不能　　イ．履行遅滞　　ウ．不完全履行

問3．本文の趣旨から下線部(c)のような場合に販売店側が負う責任を何というか，次のなかから適切なものを一つ選びなさい。
　ア．売買契約における売り主の担保責任
　イ．特殊な不法行為としての工作物責任
　ウ．履行不能による損害賠償責任

次の文章を読み，問いに答えなさい。

　高校生のAはいつも冗談を言って場の雰囲気をなごませるのを得意としていた。ある日，学校の同級生と会話をしていて，同級生Bが3日後に誕生日を迎えることを知った。そこで，いつものように冗談で(a)「誕生日になったらお祝いに3,000万円を銀行から借り入れてきて，君にあげるよ」と言った。周囲もそれが冗談だとわかっているので和気あいあいとした雰囲気のままその場の時間が過ぎた。

　しかし，自宅に戻ってきてから，「自分の発言に責任をもつという考え方からすると，3,000万円を本当に用意しなければ，社会的には問題なのだろうか」と考え込み始めた。

　Aの父親はAからその話を聞いて，「その発言は民法でいえば心裡留保に相当するね」と解説してくれた。「意思表示によって，契約が成立することは日常生活でもよくあることだ。心裡留保以外にも(b)錯誤による意思表示や虚偽表示などもあって，民法はそれぞれに規定を置いている」ということだった。

問1．本文の主旨から下線部(a)の結論はどうなるか，次のなかから最も適切なものを一つ選びなさい。

　ア．BはAの意思表示が真意でないことを知っているので，Aの意思表示は無効となる。

　イ．BはAの発言を信じ，その信頼を保護する必要があるため，Aの意思表示は有効である。

　ウ．表示した意思の通りに効力が発生するので，Aの意思表示は有効である。

問2．下線部(b)の具体例として，次のなかから最も適切なものを一つ選びなさい。

　ア．自分の持っている二束三文の壺を売却したいと考えていたAは，「先祖伝来の貴重な壺だ」とBをだまして，100万円で売却した。

　イ．多額の債務を抱え込んだAは，債権者から差し押さえを逃れるために，知人のBと話しあって，自分の土地を形式的に売買したことにして，土地の名義をBに変更した。

　ウ．土地を売却しようとしたAは，契約金額を1,000万円と書くつもりで100万円として間違えて書いてしまい，そのまま契約書をBに渡してしまった。

14 次の文章を読み，問いに答えなさい。

　債権は特定の債務者に対して請求できる権利であり，債務が履行されなかったとしても，債権者は債務者以外の第三者に対して，その権利を主張することができない。そのため，債権者にとっては，債務者の財産がどのようになっているのかが，きわめて重要になる。

　民法は債権などの財産権を確保する一つの方法として，債務者の財産を確保し，債権者の利益を確保するために，一定の要件のもとに，債権者が第三者に対しても権利を主張することを認めている。この権利には(a)債権者代位権と，(b)債務者が債権者に損害を与えることを知りながら自分の財産を減少させる行為を取り消すことができる権利とがある。

問1．下線部(a)の説明として，次のなかから最も適切なものを一つ選びなさい。
　　ア．債務者の債務不履行に対して損害賠償を請求できる権利
　　イ．債務者の財産から他に優先して弁済を受けることができる権利
　　ウ．債務者のもっている権利を代わって行使できる権利

問2．下線部(b)を表す用語として，次のなかから最も適切なものを一つ選びなさい。
　　ア．詐欺行為　　イ．詐害行為　　　ウ．詐術行為

15 次の文章を読み，問いに答えなさい。

　日常生活において，(a)法律上の根拠がないのに，他人に損害を与えて自分が利益を得ることがある。この場合，これをそのまま認めることは不公平であるから，その利益を損失者に返還する義務を負うことになる。また，不法な原因のために給付をすることを不法原因給付という。不法な原因とは，例えば賭博行為をして，金銭を授受する場合などである。例えば(b)AがBと賭博行為を行い，Aが負けてBに金銭を支払った場合の賭博行為が不法な原因となる。

問1．下線部(a)にあてはまるものはどれか，次のなかから正しいものを一つ選びなさい。
　　ア．不当利得　　イ．不法行為　　　ウ．不完全履行

問2．下線部(b)の結論として，次のなかから最も適切なものを一つ選びなさい。
　　ア．Aは裁判所に訴えて，判決を得ることができれば国家の権力によって金銭の返還請求が可能になる。
　　イ．AはBが受けた利益のうち，実際に残存している範囲内で返還請求ができる。
　　ウ．AはBに返還請求することができない。

16 次の文章を読み，問いに答えなさい。

民法の第3条では「私権の享有は，出生に始まる」と規定している。つまり，私たちの(a)権利・義務の主体となることができる地位または資格については，出生と同時に与えられることになる。

一方，社会にはさまざまな団体が存在しており，個人と団体，あるいは団体と団体との間でさまざまな法律関係が生じている。そこで団体であっても，法律の規定にしたがって，一定の条件が整えば，権利・義務の主体となることが認められている。このような団体を自然人である個人に対して，法人と呼んでいる。この法人はさまざまな観点から，公法人と私法人，(b)社団法人と財団法人，公益法人と(c)営利法人などに分類される。

最近では，ＮＰＯ(非営利組織)やＮＧＯ(非政府組織)なども，特定非営利活動促進法(ＮＰＯ法)によって，簡易型の公益法人として法人格を取得する道が開かれている。

問1．下線部(a)を何というか，正しい用語を漢字4文字で記入しなさい。

問2．下線部(b)の説明として，次のなかから最も適切なものを一つ選びなさい。

ア．一定の目的のために提供された財産をもとにして設立された法人で，例えば日本オリンピック委員会や日本ユニセフ協会などがある。

イ．一定の目的のために人々が集まって設立した法人で，例えば日本青年会議所や経済同友会などがある。

ウ．行政法などの公法にもとづいて成立した法人で，例えば国や地方公共団体，公共組合などがある。

問3．下線部(c)にあたるものはどれか，次のなかから正しいものを一つ選びなさい。

ア．健康保険組合　　イ．株式会社　　ウ．日本経済団体連合会

17 次の文章を読み，問いに答えなさい。

(a)当事者の一方が相手方に目的物を使用・収益させることを約束し，相手方が賃料を支払うことによって成立する契約が，民法に定められている。この契約は動産を目的物とすることもあれば，不動産を目的とすることもある。当事者の合意でその期間を決めることができるが，(b)民法が定める存続期間を超えてはならない。レンタルDVDや駐車場や資材置き場の契約などさまざまな場面で適用がみられるが，この民法の規定を借地や借家にそのまま適用すると，借地人や借家人が保護されない可能性がある。

そこで制定されているのが借地借家法である。たとえば普通の借地権の場合には，当初の借地契約の場合には30年以上，最初の更新のさいには20年以上，その後の更新のさいには10年以上が存続期間となる。つまり存続の最短期間を借地借家法が定めているので，借地人は安心して借りた土地の上に建てた住居や店舗などを利用することができる。その分，借地人は保護されているといえる。

また，民法の規定によれば，地主が借地を第三者に譲渡して，譲受人が土地の明け渡しを求めてきた場合，借地人が借地権を主張するためには，対抗要件として登記を備えていなければならない。しかし，借地人には地主に対して登記を要求する権利がないため，実際に登記がなされることは稀である。(c)そこで借地借家法では，別の規定をおいて借地人の保護をはかっている。

ただし，あまりに借地人を保護すると，今度は地主が借地を供給しづらくなるという面も出てきた。そこで借地借家法では，(d)定期借地権を導入し，借地の需要と供給のバランスがうまくとれるように配慮している。

問1．下線部(a)は何か，次のなかから正しいものを一つ選びなさい。

　ア．賃貸借　　イ．使用貸借　　ウ．消費貸借

問2．下線部(b)について，次のなかから正しいものを一つ選びなさい。

　ア．20年以下　　イ．30年以下　　ウ．50年以下

問3．下線部(c)について，次のなかから最も適切なものを一つ選びなさい。

　ア．借地人に地主に対して借地権の登記を要求する権利を認めている。

　イ．借地人が借地上の建物の登記をしておけば，第三者に対抗できるとしている。

　ウ．借地人の契約更新請求を例外なく地主は拒絶できないように定めている。

問4．下線部(d)について，次のなかから最も適切なものを一つ選びなさい。

　ア．普通の借地権では借地人の契約の更新がなされない場合には，建物の買取請求権は認められていないが，定期借地権では建物の買取請求権が認められている。

　イ．普通の借地権では借地人の契約の更新がなされない場合には，建物の買取請求権が認められているが，定期借地権では存続期間の延長も建物の買取請求もしないことが書面で特約されている。

　ウ．普通の借地権では地主からの契約更新請求を拒絶できないが，定期借地権では地主からの契約更新請求を拒絶できる。

選択問題 I〔会社に関する法〕

1 次の文章を読み，問いに答えなさい。

A社は精密機械装置を販売する販売代理店である。令和○年2月14日にB株式会社から，精密機械装置3台の注文を受け，(a)支払期日を令和○年8月14日（火曜日）とする約束手形を受け取った。

また，A社は令和○年7月29日にX会社から交換用の部品10個の注文を受け，令和○年8月9日（木曜日）に振り出された小切手を受け取った。この小切手については(b)支払呈示期間の最終日に銀行に呈示した。

A社はB株式会社から受け取った約束手形をC銀行に割り引いた。ところが令和○年9月上旬に，割り引いた手形が不渡りになったという連絡をC銀行から受けた。C銀行は，手形法第15条に「裏書人ハ反対ノ文言ナキ限リ引受及支払ヲ担保ス」とあるのだから，手形代金などの支払いをするようにA社に求めてきた。(c)A社はやむを得ずC銀行に支払いを行った。

問1． 下線部(a)の約束手形は，いつまでに支払いのための呈示をしなければならないか，次のなかから正しいものを一つ選びなさい。ただし，8月末日まで祝日はないものとする。

　　ア．8月14日　　イ．8月15日　　ウ．8月16日

問2． 下線部(b)の小切手について，いつまでに支払いのための呈示をしなければならないか，次のなかから正しいものを一つ選びなさい。ただし，8月末日まで祝日はなく金融機関は土曜日と日曜日が休日である。

　　ア．8月20日　　イ．8月21日　　ウ．8月22日

問3． 下線部(c)の場合について，C銀行を何というか，次のなかから正しいものを一つ選びなさい。

　　ア．振出人　　　イ．裏書人　　　ウ．被裏書人

2 次の文章を読み，問いに答えなさい。

A株式会社は上場企業であり，広範囲にわたる株主から資金の提供を受けていた。これまでは代表取締役，取締役会，監査役を会社の機関として設置し，経営を行っていたが，企業経営の監視体制の重要性をかんがみて，(a)必須である取締役会と会計監査人に加えて，監査等委員会を設置し，機関設計を変更することにした。

なお，(b)この監査等委員会を構成する委員の選任と解任については，ともに一定の配慮がなされている。

問1． 下線部(a)の説明として，次のなかから最も適切なものを一つ選びなさい。

　　ア．監査等委員会設置会社の説明であり，監査等委員はすべて取締役で，監査等委員会の過半数は社外取締役でなければならない。

　　イ．監査等委員会設置会社の説明であり，監査等委員は取締役である必要はなく，監査等委員会のうち3名が社外取締役であればよい。

　　ウ．監査役会設置会社の説明であり，監査役は取締役の職務を監査し，監査報告を作成する。

問2． 下線部(b)の説明として，次のなかから最も適切なものを一つ選びなさい。

　　ア．選任も解任も株主総会における特別決議が必要である。

　　イ．選任も解任も株主総会における普通決議が必要である。

　　ウ．選任にあたっては普通決議だが，解任には特別決議が必要である。

選択問題Ⅱ〔企業の責任と法〕

1 次の文章を読み，問いに答えなさい。

　契約当事者間で紛争が起こった場合，裁判によらずに当事者が話しあって互いに譲歩して解決する和解という方法がある。和解には(a)裁判外の和解（民法上の和解）と裁判上の和解とがある。

　当事者が話しあいによって解決できない場合には，裁判によることになるが，最近では交通事故紛争処理センターの示談あっせんや消費生活センターの消費者相談など(b)裁判外紛争解決の方法を利用して，紛争の解決をはかることもできる。この裁判外紛争解決の代表的な手段に，(c)すでに生じた民事上の紛争または将来において生じる一定の法律関係に関する紛争の全部または一部を，専門家にゆだねて合意を得る方法がある。裁判所の調停委員会が当事者の意見をきいて調停案を示す調停よりも実効性が高く，国際取引によって生じた紛争もこの方法で紛争解決がはかられることが多い。

問1．下線部(a)について，一般に何とよばれるか，次のなかから正しいものを一つ選びなさい。

　ア．調停　　イ．相談　　ウ．示談

問2．下線部(b)について，一般に何とよばれるか，次のなかから正しいものを一つ選びなさい。

　ア．OCR　　イ．ADR　　ウ．QER

問3．下線部(c)を何というか，漢字2文字で記入しなさい。

2 次の文章を読み，問いに答えなさい。

　民法は，いろいろな働き方の形態を規定している。そのうち雇用については，(a)労働者が人間らしい生活を送るための最低条件として，賃金や労働時間などを定めた特別法がある。

　A社では，情報システムの企画・開発にあたり，企業内部の経営資源ではまかないきれないことから，外部に業務を委託することを検討している。そこで，(b)契約当事者の一方が仕事を完成することを約束し，相手方はその仕事の結果に対して報酬を支払うことを約束する契約が最も合理的と考えた。この契約によった場合，もし完成したソフトウェアにバグが発生した場合であっても，A社は業務を委託した会社に対して，修繕など履行の追完請求や代金減額請求，損害賠償や契約の解除ができる。

問1　下線部(a)を規定している法律を何というか，漢字5文字で適切な法律名を記入しなさい。

問2　下線部(b)の契約を何というか，次のなかから正しいものを一つ選びなさい。

　ア．委任　　イ．請負　　ウ．雇用

経済活動と法解答用紙

得 点

1	問1	問2	問3

2	問1		問2
		解釈	

3	問1	問2

4	問1	問2

5	問1	問2

6	問1	問2	問3

7	問1	問2	問3

8	問1	問2	問3

9	問1	問2	問3

10	問1	問2

11	問1	問2

12	問1	問2	問3	問4	問5
		利率	法	

13	問1	問2
	代理	

14	問1	問2	問3

15	問1	問2	問3

16	問1	問2

17	問1	問2	問3

注：選択問題　いずれか1分野を解答すること。2分野を解答した場合は，選択問題すべてを無効とします。

選択問題Ⅰ〔会社に関する法〕

1	問1	問2	問3

2	問1	問2
	株主の	

選択問題Ⅱ〔企業の責任と法〕

1	問1	問2	問3

2	問1	問2

受験番号		名 前	
組　No.			

総得点

第2回商業経済検定試験
経済活動と法解答用紙

1

問1	問2	問3

2

問1	問2

3

問1		問2
	解釈	

4

問1	問2	問3	問4

5

問1	問2

6

問1	問2	問3

7

問1	問2

8

問1	問2

9

問1	問2	問3	問4

10

問1	問2	問3

11

問1	問2	問3

12

問1	問2

13

問1	問2

14

問1	問2	問3

15

問1		問2	問3
	の原則		

16

問1	問2

17

問1	問2	問3

注：選択問題　いずれか1分野を解答すること。2分野を解答した場合は，選択問題すべてを無効とします。

選択問題Ⅰ〔会社に関する法〕

1

問1	問2	問3

2

問1		問2

選択問題Ⅱ〔企業の責任と法〕

1

問1	問2	問3

2

問1	問2

受験番号		名前	
組　No.			

総得点

155

経済活動と法解答用紙

得点

①	問1	問2	問3	

②	問1	問2	
			法規

③	問1		問2
		解釈	

④	問1	問2	問3

⑤	問1	問2	問3	問4

⑥	問1	問2	問3

⑦	問1	問2	問3

⑧	問1		問2	問3
		利率		

⑨	問1	問2	問3

⑩	問1	問2	問3

⑪	問1	問2

⑫	問1	問2

⑬	問1	問2	
	時効の		

⑭	問1	問2

⑮	問1	問2	問3
		の原則	

⑯	問1	問2	問3

⑰	問1	問2

注：選択問題　いずれか1分野を解答すること。2分野を解答した場合は，選択問題すべてを無効とします。

選択問題Ⅰ〔会社に関する法〕

①	問1	問2	問3	
				手形

②	問1	問2

選択問題Ⅱ〔企業の責任と法〕

①	問1	問2	問3

②	問1		問2

受験番号		名前	
組　No.			

総得点

第4回商業経済検定試験
経済活動と法解答用紙

得点

1	問1	問2	問3

2	問1	問2
	解釈	

3	問1	問2

4	問1	問2

5	問1	問2	問3	問4

6	問1	問2	問3

7	問1	問2

8	問1	問2
		法

9	問1	問2	問3	問4

10	問1	問2	問3
	の原則		

11	問1	問2

12	問1	問2	問3

13	問1	問2

14	問1	問2

15	問1	問2

16	問1	問2	問3

17	問1	問2	問3	問4

注：選択問題　いずれか1分野を解答すること。2分野を解答した場合は，選択問題すべてを無効とします。

選択問題Ⅰ〔会社に関する法〕

1	問1	問2	問3

2	問1	問2

選択問題Ⅱ〔企業の責任と法〕

1	問1	問2	問3

2	問1	問2

受験番号		名	
組　No.		前	

総得点

経済社会と法

(1) 社会規範
(2) 私法
(3) 公法
(4) 公私混合法(社会法)
(5) 特別法
(6) 特別法
(7) 任意
(8) 強行
(9) 独占禁止法
(10) 公布
(11) 施行
(12) 官報
(13) 成文法
(14) 不文法
(15) 判例法
(16) 条例
(17) 規則
(18) 条約
(19) 類推
(20) 文理
(21) 反対
(22) 法律不遡及
(23) 拡張

権利・義務と財産権

(1) 福祉
(2) 濫用
(3) 自力救済
(4) 意思能力
(5) 権利能力
(6) 権利能力
(7) 法人
(8) 占有権
(9) 制限行為能力者
(10) 成年被後見人
(11) 被保佐人
(12) 被補助人
(13) 詐術
(14) 催告権
(15) 同意
(16) 任意後見
(17) 家庭裁判所
(18) 7
(19) 1
(20) 公益社団法人
(21) 一般財団法人
(22) 営利法人
(23) 定款
(24) 権利能力
(25) 行為能力
(26) 妨害予防請求権
(27) 妨害排除請求権
(28) 所有権
(29) 用益物権
(30) 担保物権
(31) 一物一権
(32) 物権法定
(33) 保存登記
(34) 移転登記
(35) C
(36) 特定物
(37) 不特定物
(38) 主物
(39) 地上権
(40) 地役権
(41) 相隣
(42) 袋地
(43) 50
(44) 天然果実
(45) 4
(46) 不動産
(47) 10
(48) 知的財産権
(49) 産業財産権
(50) 特許権
(51) 20
(52) 意匠権
(53) 商標権
(54) 実用新案権
(55) 弁理士
(56) 70
(57) 客体
(58) 電気

取引に関する法

(1) 取得時効
(2) 消滅時効
(3) 時効の更新
(4) 10
(5) 20
(6) 援用
(7) 契約自由
(8) 付合
(9) 債権者平等
(10) 無主物の帰属(無主物先占)
(11) 公示
(12) 公信
(13) 抵当権
(14) 100
(15) 即時取得(善意取得)
(16) 供託
(17) 混同
(18) 3
(19) 追認

商業経済検定模擬テスト
第1・2級　経済活動と法
模範解答と解説

とうほう

分野別問題

経済社会と法

1 問1-イ 問2-ア 問3-ウ
問4-イ 問5-イ 問6-ア

【解説】

問1 「社会の誰もが守らなければならないルール」は社会規範である。

問2 慣習は一般に人々が長い間，繰り返し行ってきた慣わしや風習のうち，一般に承認されている規範のことをいう。選択肢イは道路交通法，選択肢ウは道徳のことをさしている。

問3 不文法には慣習法と判例法とがある。規則も命令も成文法なので正解はウとなる。

問4 民法は売買や貸借，婚姻など私人相互の関係を規律するので私法である。

問5 地方公共団体の議会が制定する成文法を条例という。

問6 特別法優先主義の規定である。例えばアパートを借りる場合には，特別法である借地借家法の規定が一般法である民法の規定に優先して適用される。

2 問1-文理(解釈) 問2-ウ 問3-ア

問1 法文の意味を文字通りに解釈することを文理解釈という。

問2 法文で定めていない事項について，法文の意味を反対に解釈することを反対解釈という。

問3 ロバはウマ科ウマ属ロバ亜属に属する生物の総称で,馬よりも小柄で耳が長い種が多い。ウマ科なので「車馬」の意味を広げて解釈すればロバも馬に含まれ，乗り入れてはいけないことになる。

権利・義務と財産権

1 問1-イ 問2-ウ 問3-ア

問1 精神上の障がいなどにより意思能力が不十分な者は，本人や家族などの請求により，家庭裁判所が補助開始の審判をすると，被補助

人となり，補助人がつけられる。

問2 制限行為能力者が相手方を欺いて，行為能力者であると誤信させて取引をした場合には，制限行為能力者は保護する必要性が認められず，その行為を取り消すことはできなくなる。

問3 法定代理人の同意を得ないで法律行為を行った場合，未成年者本人または法定代理人はその行為を取り消すことができる。

2 問1-イ 問2-ア 問3-イ

問1 私法上の対象となる有形・無形の資産や信用などを総称して，権利の客体(対象)という。

問2 特定物とは，「この家」というように，当事者がその物の個性に着目し，取引の目的物としたものをいう。一方,不特定物とは「ジュース1本」などその物の種類に着目して取引の目的物としたものをいう。

問3 主物が売却されると従物も一緒に付いていくことになる。売買の当事者できちんと決めておくことが原則だが，そうでない場合にはこの規定によって従物が付いていくことになる。

3 問1-イ 問2-ア 問3-ア

問1 権利や義務の主体となることができる資格を権利能力という。人間よりも知的能力が高いサルや犬がいたとしても，そもそも権利や義務の主体となる資格は認められていないので，売買や賃貸を行うことはできない。

問2 正当な範囲を逸脱した権利の行使を権利の濫用といい，権利の濫用は禁止されている。正解の選択肢は宇奈月温泉木管事件の事例である。

問3 生きて生まれることを条件に，「胎児は，既に生まれたものとみなす」と定めて，損害賠償請求・相続・遺贈の3つの場合について例外的に胎児の権利能力を認めている。

4 問1-ウ 問2-イ 問3-イ
問4-ア

問1 所有地の占有が不法占拠車によって侵害されているので，侵害状態の復旧を求める妨害排除請求権が認められる。ただし，自力救済

は禁止されているので，たとえ不法占拠車とはいっても勝手に撤去してはならない。

問2 「なす債務」（一定の行為をすることが債権の目的となっている債務）については，直接強制は強制労働になるので認められない。そこで第三者が債務者の代わりに行っても，債権の目的を達することができる場合には，債務者に費用を出させて，その行為を第三者に行わせる代替執行が用いられる。

問4 不法行為にもとづく損害賠償請求権は，損害と加害者を知ったときから3年，不法行為のときから20年で消滅する。

5 問1－ア 問2－ウ

問1 他人の土地に囲まれて，公道に出ることができない土地を袋地という。

問2 地上の枝については切り取り請求しかできないが，地下の根は勝手に切り取ることができる。選択肢アとイは妨害予防請求権と妨害排除請求権の例である。

6 問1－ウ 問2－家庭裁判所

問1 特別失踪については，「危難が去ったとき」に死亡したものとみなされることに注意する。

問2 家族などの利害関係者が家庭裁判所に請求して失踪宣告をしてもらう。

7 問1－知的財産(権)／または知的所有(権)，無体財産(権) 問2－ア 問3－ア 問4－イ

問1 発明・考案・著作など人間の知的創造活動によって生み出されたものが経済的利益をもたらす場合，その利益に対する支配権を知的財産権という。

問2 2018(平成30)年に改正著作権法が施行され，著作権の保護期間は，著作者の生存中と死後50年間から，著作者の生存中と死後70年間に延長された。映画に関しては，公表後70年のまま変更はない。

問3 物品の形状，構造，組み合わせに関わる考案を独占排他的に実施する権利を実用新案権という。

問4 産業財産権（工業所有権）に関する事務を所管するのは特許庁である。

取引に関する法

1 問1－イ 問2－ア 問3－ウ

問1 将来の不確定な事実が成就するまで契約の効力を停止させる条件を停止条件という。

問3 動物が他人に損害を加えた場合には，その動物の占有者または管理者が損害賠償責任を負う。

2 問1－ウ 問2－ア 問3－イ

問1 双務契約の当事者の一方は，相手方が債務を履行する用意をしないうちは，自分の債務の履行を拒むことができる。

問2 有償契約であるので使用貸借ではないことがわかる。また，目的物を使用・収益させるので賃貸借であることがわかる。消費貸借とは，例えば「醤油」を隣家から借りて，同じ分量の「醤油」を返却するような場合をさす。

問3 売り手が契約を解除する場合には，手付金の倍額を返す。

3 問1－ア 問2－ウ

問1 おどされておこなった意思表示を強迫による意思表示といい，だまされたことによる意思表示を詐欺による意思表示という。

問2 詐欺や強迫などによる意思表示は取り消すことができる。

4 問1－ウ 問2－イ 問3－イ

問2 取引の相手方には本人の代理人であることを示す必要があり，これを顕名主義という（民法99条1項）。

問3 不動産業者はBに授与された代理権の内容を知っているので，越権行為の表見代理は成立しない。Aが追認した場合には，契約の最初にさかのぼって有効となる。

5 問1－イ 問2－(物権変動における)公信(の原則) 問3－ア

問1 当事者の意思表示のみによる簡易的な引き渡しの方法は「簡易の引き渡し」という。現実の引き渡しに限定してしまうと，いったんAからBにカメラを返し，あらためてBからA

にカメラを引き渡すことになってしまう。それを簡略化するのが「簡易の引き渡し」である。

問2　所有権など物権の変動について、「外から見える状態」（外形）を信頼して取引した者を保護しようとする原則を公信の原則という。

問3　このようなケースでは善意・無過失のAはカメラを善意取得（即時取得）できる。本来の所有者であるCはBに対して債務不履行または不法行為責任を追及することになる。

6　問1－イ　　問2－ウ　　問3－ア
　　問4－ア　　問5－ウ

問1　建物の新築などの場合の登記を保存登記という。一方、売買など所有権の移転にともなう登記を移転登記という。

問2　抵当権の場合には、債務者は担保として提供した家屋にそのまま住むことができる。

問3　契約内容との不適合があれば、原則として買い主はその不適合を知ったときから1年以内に履行の追完請求や代金減額請求、損害賠償請求や契約の解除ができる。

問5　改正民法では債務者主義が採用されており、売り主（債務者）が危険を負担する。買い主（債権者）は支払拒絶権を行使できるので、代金を支払わずに契約を解除できる。

7　問1－ウ　　問2－ア
　　問3－使用貸借（契約）

問1　定期借地権では、契約の更新がなく建物買取請求権も認められていない。そのため地主は安心して土地を貸し出せるという面がある。

問2　敷金は家主に保証金（担保）として差し入れる金銭で、実務的には賃料の1か月分から3か月分が相場となっている。

問3　ある人が相手方に目的物を無償で貸し渡し、相手方が使用・収益した後に借りた物を返還する契約である。「書籍を無償で借りて」という文章から使用貸借であることを判断する。

8　問1－ウ　　問2－ア

問1　履行遅滞も履行不能も履行そのものを行っていないが、この場合は一応書店の店主は履行を行っている。そしてその履行が不完全な場合なので、不完全履行となる。

問2　契約を解除した場合、すでに履行した給付があれば、相互にこれを返還しなくてはならない。

9　問1－イ　　問2－流質（契約）　　問3－ウ
　　問4－イ

問1　民法が定める用益物権は、地上権・永小作権・地役権・入会権の4つであり、この4つが含まれる選択肢はそもそも担保物権とはならない。法定担保物権は、留置権・先取特権・質権・抵当権の4種類となる。

問2　こうした契約を流質契約という。質屋営業法の規定では弁済期前に流質契約を締結することは認められているが、民法では質権者の暴利を防ぐため弁済期前の流質契約の締結を禁止している。

問3　財布を落としたことについては、第三者と契約を締結したわけではないので、「契約によらない財産権の変動」ということになる。

問4　遺失物法では、公告をした後3か月以内に所有者が判明しない場合には、それを拾得した者がその所有権を取得することを定めている。2007（平成19）年12月までは6か月だったが、あまりにも遺失物が増加し、保管コストも発生することから3か月に短縮されたという経緯がある。

10　問1－ウ　　問2－②

問1　他人の物を一定の範囲内で使用・収益する内容の物権を用益物権という。

問2　他人の土地を自己の土地のために供する権利を地役権という。この場合、松原さんの土地のために浜田さんの土地を利用させてもらっているので、地役権ということになる。こうした地役権を「眺望地役権」ということもある。

11 問1－ア　　問2－イ
問1　裁判所の手を借りて，債権の内容を直接的に実現することを直接強制という。
問2　土地や建物の売買など，所有権が移転した際に行う登記を移転登記という。

12 問1－ウ　　問2－イ　　問3－ア
問1　債務者または第三者がそのまま不動産を占有することができるので，工場を担保に入れて工場の運転資金を借りる場合などには，抵当権が利用されることになる。
問2　保証人が，主たる債務者と連帯して債務を負担することを連帯保証(連帯保証債務)という。
問3　債権者が主たる債務者に履行請求した後に，保証人に請求してきたときでも，主たる債務者に弁済の資力があって，強制執行が容易であることを保証人が証明すれば，債権者は，主たる債務者の財産を強制執行した後でなければ，保証人に対して履行を請求することができない。これを検索の抗弁権という。

13 問1－イ　　問2－ウ　　問3－イ
　　問4－ア
問1　会社の社員が業務にあたって事故やトラブルを起こしたときに損害賠償を請求されることがある。この多くは使用者責任にもとづくものであることが多い。
問2　精神的な損害に対する賠償金を慰謝料という。
問3　自動車損害賠償保障法にもとづいて，すべての自動車の運転者への加入が義務づけられているのが，自動車損害賠償責任保険(自賠責保険)である。この保険の目的は，交通事故が発生した場合の被害者の補償である。
問4　債務不履行または不法行為にもとづいて損害賠償を請求するときに，相手側にも過失があった場合には，裁判所がその過失を考慮して，損害賠償額を減額することがある。これを過失相殺という。

会社に関する法

1 問1－イ　　問2－ア　　問3－募集設立
問1　株式会社の設立の企画者のことを発起人という(厳密には定款に発起人として署名した者を発起人という)。
問2　定款への記載が必須で，もし記載がなければ定款そのものが無効になってしまうような事項を絶対的記載事項(必要的記載事項)という。
問3　発起人が引き受けない株式を発起人以外から募集して行う設立方式を募集設立という。この問題では発起人であるA以外に従業員や友人から募集しているので，募集設立となる。

2 問1－ア　　問2－ア　　問3－(株主の)代表訴訟
問1　株主が株式会社から経済的な利益を得る権利のことを自益権という。
問2　取締役や監査役の選任は普通決議である。ただし，監査役の解任に際しては特別決議が必要になる。これは会社にとって不都合な事実を発見した監査役が不当に解任されるのを防止するためである。
問3　株主が会社を「代表」して，取締役や監査役などの責任を追及するための訴訟を株主の代表訴訟という。

3 問1－白地手形　　問2－イ　　問3－ウ
問1　署名者が後日他人に補充させる意思で，手形要件の全部または一部を記載しないで発行した手形を白地手形という。
問2　約束手形の支払呈示期間は支払期日とこれに次ぐ2取引日である。また，支払期日が休日の場合には次の取引日が支払いをするべき期日となる。この問題の場合には，2月4日(木曜日)・5日(金曜日)，そして8日(月曜日)の3取引日のうちに支払呈示を行えばよいことになる。
問3　手形の場合には「遡求」，法律が施行以前に及ばないことは「法律の不遡及」と表記される。「求」と「及」を間違えないように注意する必要がある。

1 問1-イ　　問2-労働基準法　　問3-ウ
　　問4-ウ

問1　請負人が仕事の完成を約束して，注文者が仕事の完成に対する報酬を支払うことを約束する契約を，請負という。

問2　労働者が人間らしい生活をするための最低の労働条件を定めた法律を労働基準法といい，労働基準法は労働組合法や労働関係調整法とあわせて労働三法と呼ばれる。

問3　労働時間や賃金など職場において遵守すべき項目について，労働基準法にもとづいて使用者が定めた規則を就業規則という。

問4　健康保険法にもとづいて運営される社会保険が健康保険である。病気やけがなどに対して，その治療費を負担する。

2 問1-イ　　問2-ア

問1　ネガティブオプションについては，商品を返送する必要も代金を支払う必要もない。また，送られてきた商品についてはただちに処分することができる。したがって，選択肢イが正解になる。

　　選択肢ウは2021（令和3）年に特定商取引法が改正される前の規定で，2021（令和3）年7月以降は間違いとなる。

問2　ネガティブオプションのことを，「送りつけ商法」「押し付け商法」ともいう。

3 問1-イ　　問2-ア　　問3-イ

問1　路上や街頭などで「簡単なアンケートです」などと言って呼び止め，販売店やビル，喫茶店などに同行させ，高額商品を販売する方法をキャッチセールスという。

問2　原則として割賦販売とは，「2か月以上の期間にわたり，かつ，3回以上に分割」して指定商品などの販売を行う場合をさす。この問題では，「毎月3万円ずつ10回払い」となっているので割賦販売となる。

問3　割賦販売のクーリング・オフの期間は，契約の書面を受領した日から8日間である。

経済活動と法解答

得点

1

問1	問2	問3
ウ	イ	施 行

2

問1		問2
文	理 解釈	ア

10

3

問1	問2
ウ	ウ

4

問1	問2		
イ	特	別	法

5

問1	問2
イ	イ

12

6

問1	問2	問3
イ	ア	ウ

7

問1	問2	問3
ア	イ	ウ

8

問1	問2	問3
ウ	イ	ウ

18

9

問1	問2	問3
ア	ウ	ウ

10

問1	問2
イ	イ

11

問1	問2
イ	ア

14

12

問1	問2	問3	問4					問5
ウ	ア	約 定 利率	利	息	制	限 法		ウ

10

13

問1		問2
任 意 代理		イ

14

問1	問2	問3
イ	ア	イ

10

15

問1	問2	問3
ア	ア	ア

16

問1	問2
ア	イ

17

問1	問2	問3
ア	ア	イ

16

注：選択問題　いずれか1分野を解答すること。2分野を解答した場合は，選択問題すべてを無効とします。

選択問題Ⅰ〔会社に関する法〕

1

問1	問2	問3
イ	ウ	ア

2

問1	問2			
イ	株主の 代	表	訴	訟

10

選択問題Ⅱ〔企業の責任と法〕

1

問1	問2	問3
イ	ア	ア

2

問1	問2
ウ	クーリング・オフ(制度) クーリングオフ(制度)

第2回商業経済検定試験
経済活動と法解答

得点

1	問1	問2	問3
	ウ	ウ	イ

2	問1	問2
	ア	イ

3	問1		問2
	文 理 解釈		ウ

14

4	問1	問2	問3	問4
	ア	イ	ウ	イ

5	問1	問2
	ア	ウ

12

6	問1	問2	問3
	イ	ウ	イ

7	問1	問2
	イ	ア

8	問1	問2
	イ	ウ

14

9	問1	問2	問3				問4
	イ	ウ	利 息 制 限 法				ウ

10	問1	問2	問3
	イ	イ	ア

14

11	問1	問2	問3
	ウ	イ	ウ

12	問1	問2
	ア	ウ

13	問1	問2
	イ	ウ

14

14	問1	問2	問3
	イ	イ	ウ

15	問1					問2	問3
	初 日 不 算 入 の原則					イ	ウ

12

16	問1	問2
	ア	ウ

17	問1	問2	問3
	イ	ウ	ウ

10

注：選択問題　いずれか1分野を解答すること。2分野を解答した場合は，選択問題すべてを無効とします。

選択問題Ⅰ〔会社に関する法〕

1	問1	問2	問3
	ア	ウ	ア

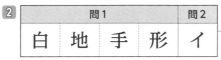

2	問1			問2
	白 地 手 形			イ

選択問題Ⅱ〔企業の責任と法〕

1	問1	問2	問3
	イ	ア	ウ

2	問1	問2
	ウ	クーリング・オフ(制度) クーリングオフ(制度)

10

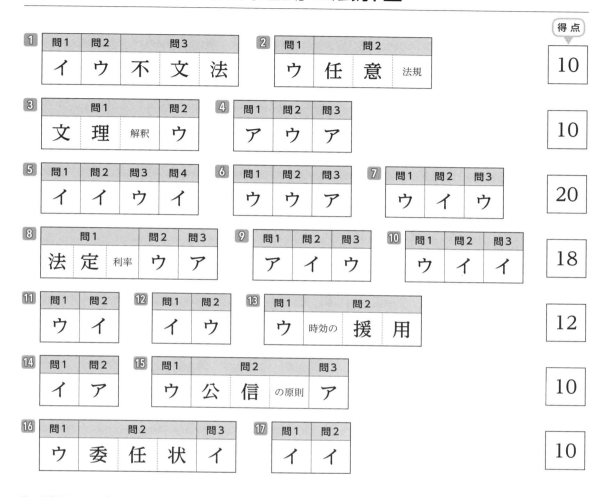

第3回商業経済検定試験
経済活動と法解答

得点

①	問1	問2	問3		
	イ	ウ	不	文	法

②	問1	問2	
	ウ	任	意　法規

10

③	問1		問2
	文	理　解釈	ウ

④	問1	問2	問3
	ア	ウ	ア

10

⑤	問1	問2	問3	問4
	イ	イ	ウ	イ

⑥	問1	問2	問3
	ウ	ウ	ア

⑦	問1	問2	問3
	ウ	イ	ウ

20

⑧	問1		問2	問3
	法	定　利率	ウ	ア

⑨	問1	問2	問3
	ア	イ	ウ

⑩	問1	問2	問3
	ウ	イ	イ

18

⑪	問1	問2
	ウ	イ

⑫	問1	問2
	イ	ウ

⑬	問1	問2
	ウ	時効の　援 用

12

⑭	問1	問2
	イ	ア

⑮	問1	問2	問3
	ウ	公 信　の原則	ア

10

⑯	問1	問2	問3
	ウ	委 任 状	イ

⑰	問1	問2
	イ	イ

10

注：選択問題　いずれか1分野を解答すること。2分野を解答した場合は，選択問題すべてを無効とします。

選択問題Ⅰ〔会社に関する法〕

①	問1	問2	問3	
	ア	ウ	白 地	手形

②	問1	問2
	ウ	ウ

選択問題Ⅱ〔企業の責任と法〕

①	問1	問2	問3
	イ	ウ	イ

②	問1			問2
	就 業 規 則			ウ

10

経済活動と法解答

得点

1

問1	問2	問3
イ	ウ	ア

2

問1		問2
文	理 解釈	ウ

3

問1	問2
ア	ウ

14

4

問1	問2
ア	ウ

5

問1	問2	問3	問4
ウ	イ	ウ	イ

6

問1	問2	問3
ウ	ア	ア

18

7

問1		問2
特 許 権		ウ

8

問1	問2	
イ	借 地 借 家	法

8

9

問1	問2	問3	問4
ウ	委 任 状	ウ	イ

8

10

問1		問2	問3
初 日 不 算 入 の原則		ア	イ

11

問1	問2
物 権 法 定 主 義	イ

10

12

問1	問2	問3
ウ	イ	ア

13

問1	問2
ア	ウ

14

問1	問2
ウ	イ

15

問1	問2
ア	ウ

18

16

問1		問2	問3
権 利 能 力		イ	イ

17

問1	問2	問3	問4
ア	ウ	イ	イ

14

注：選択問題　いずれか1分野を解答すること。2分野を解答した場合は，選択問題すべてを無効とします。

選択問題Ⅰ〔会社に関する法〕

1

問1	問2	問3
ウ	ア	ウ

2

問1	問2
ア	ウ

選択問題Ⅱ〔企業の責任と法〕

1

問1	問2	問3
ウ	イ	仲 裁

2

問1	問2
労 働 基 準 法	イ

10

1 問1－ウ　　問2－イ　　問3－施行
問1　社会のなかで人と人との関係に関わる行為を規律する規範を社会規範という。
問2　官報についてはＰＤＦデータがインターネットでも公開され，直近30日分の本紙や号外などは無料で閲覧することもできる。

2 問1－文理（解釈）　　問2－ア
問1　法文の字句や文章の意味を文字通りに解釈することを文理解釈という。
問2　「冬は通行禁止」だが，「春や夏，秋には通行できる」と解釈する方法である。つまり，法文で定めていない事項について反対の意味に解釈しているので，反対解釈ということになる。

3 問1－ウ　　問2－ウ
問1　他の土地に囲まれて公道に通じていない土地を袋地という。
問2　民法においては，地上の枝は勝手に切り取ることができず切り取り請求しかできないが，地下の根は勝手に切り取ることができる旨を定めている。

4 問1－イ　　問2－特別法
問1　社会生活を送る上で，公の秩序や強行法規に反しない限りは，当事者同士で自由に契約を締結できるという原則を契約自由の原則という。
問2　特定の関係について特別に規律するための法律を，一般法に対して特別法という。

5 問1－イ　　問2－イ
問1　民法などで取り扱う家庭に関する事案は家庭裁判所が取り扱う。
問2　海難事故などにまきこまれた場合は特別失踪となる。特別失踪の場合には1年が経過したときに家族などの利害関係者が家庭裁判所に請求する。

6 問1－イ　　問2－ア　　問3－ウ
問1　被補助人は被保佐人よりも一定程度の判断能力があると見込まれているので，被補助人が単独でできる行為の範囲は被保佐人よりも広くなっている。
問2　相手方をだます手段のことを詐術という。
問3　未成年者が法律行為をするには，原則として法定代理人の同意を得る必要があり，同意を得ないで法律行為を行った場合，未成年者本人または法定代理人はその行為を取り消すことができる。

7 問1－ア　　問2－イ　　問3－ウ
問1　主物と従物の関係になるのは「建物と畳」となる。大審院判決でも主物と従物の関係が確定している。この他に宅地に対する石灯籠と庭石も従物として最高裁で判決が出ている。
問2　当事者がその物の個性に着目している場合には特定物となる。「住宅」については住所が指定されているので，その個性に着目しているといえる。
問3　法定果実は変更時を基準に日割りで分配することになる。9月20日を基準に9月分の家賃9万円を日割りで配分することになる。9月1日から9月20日までの20日分に相当する$¥90,000 \times \dfrac{20日}{30日} = ¥60,000$がAに帰属し，Bには$¥90,000 \times \dfrac{10日}{30日} = ¥30,000$が帰属することになる。

8 問1－ウ　　問2－イ　　問3－ウ
問1　著作権は著作者の生存中と死後70年間保護される（2018（平成30）年の改正著作権法施行までは著作者の生存中と死後50年間保護された）。映画については公表後70年間保護される。
問2　2015（平成27）年4月から動き商標やホログラム商標，音商標なども商標登録ができるようになっている。
問3　商標権が侵害された場合には，裁判所を通して侵害行為の差止請求や損害賠償の請求，不当利得の返還請求などが認められている。

9 問1－ア　　問2－ウ　　問3－ウ
問1　他人の不当な干渉（詐欺）による意思表示である。この場合，内心の意思と表示された意思との間に違いはないが，表意者を保護しなければならない。
問2　「あることを知らないこと」を善意といい，当事者ではない者を「第三者」という。逆に「知っていること」を悪意という。
問3　詐欺によってなされた意思表示は取り消すことができるが，善意無過失の第三者に対しては主張することができない。したがって，AはCから工芸品を取り戻すことはできない。

10 問1－イ　　問2－イ
問1　不完全履行の場合には，履行そのものはなされていることに注意する。
問2　損害賠償は別段の意思表示がないときは，金銭をもって行う。これを金銭賠償の原則ということもある。

11 問1－イ　　問2－ア
問1　川で魚を釣るといった場合，占有することによって所有権を取得することになる。これを無主物の帰属という。
問2　地方公共団体の議会が制定する成文法を条例という。一方，地方公共団体の長が制定する成文法を規則という。

12 問1－ウ　　問2－ア　　問3－約定（利率）
　　問4－利息制限（法）　　問5－ウ
問1　質権を設定し，弁済期がきても弁済されない場合には，質物を競売にかけ，その代金を優先的に債権者は受け取ることになる。
問2　「Aが返済できなくなった場合には」と限定がつけられているが，連帯保証は，連帯して債務を負担する。したがって，債権者は主たる債務者と連帯保証人のいずれに対しても同じように履行を請求できる。また，連帯債務の場合にもAとCのいずれに対しても全額請求ができるので，「保証債務」が正解とわかる。
問3　当事者間で決めた利率を約定利率といい，法律で定められた利率を法定利率という。

問4　約定利率による場合，経済的に弱い立場にある借り主が高利を押し付けられるおそれがあるため，利息制限法によって規制がなされている。
問5　主たる債務者に弁済の資力があって，強制執行が容易であることを保証人が証明すれば，債権者は，主たる債務者の財産を強制執行した後でなければ，保証人に対して履行を請求することができない。これを検索の抗弁権という。

13 問1－任意（代理）　　問2－イ
問1　本人が意思表示することは可能だが，いろいろな事情で別の人に代わりにやってもらう代理を任意代理という。
問2　無権代理だからすべて無効ということにしてしまうと，本当に有益な契約まで無効となり社会的にみて損失が生じる可能性がある。そこで民法は，本人が追認すれば，契約のはじめにさかのぼって有効になると定めている。なお，本人が追認拒絶すれば無権代理の効果は本人に帰属しないことが確定する。

14 問1－イ　　問2－ア　　問3－イ
問1　選択肢アの記述は民法の規定である。また，選択肢ウは定期借地権の説明である。
問2　事業用借地権のほかに事業用定期借地権ということもある。コンビニエンスストアやロードサイド店舗などで利用されることが多い。

15 問1－ア　　問2－ア　　問3－ア
問1　同時履行の抗弁権により，取引の相手方が自己の債務の履行の提供をしないで履行を請求してきた場合には，その請求を拒むことができる。
問2　改正民法では危険負担については債務者主義をとり，買い主（債権者）は支払拒絶権を行使できる。したがって，損害（危険）については売り主（債務者）が負担することになる。
問3　契約書に定められた内容と目的物が異なるため，建築業者Aは契約（内容）不適合責任を負う。

16 問1ーア　　問2ーイ

問1　連帯債務は債務者の人数に応じた分割債務が1つの束になっているイメージである。したがって連帯保証のような主従の関係は連帯債務にはない。

問2　連帯債務の場合には，債務者の1人に対して全部または一部の履行を請求することもできるし，全員に対して同時に全部または一部の履行を請求することもできる。つまり，どのような請求も認められる。

17 問1ーア　　問2ーア　　問3ーイ

問1　選択肢イは合計で20年間を要しているが，善意無過失で占有を開始していれば10年で取得時効は成立する。

問2　「援用」とは法律では「自己の利益のために主張すること」をいう。

問3　選択肢アは，埋蔵物が他人の土地や建物で発見されたときの規定である。また，遺失物は他人の忘れ物や落し物のことであって，「所有者のいない動産」と同じように取り扱うわけにはいかない。したがって選択肢ウは間違いである。

選択問題Ⅰ　会社に関する法

1 問1ーイ　　問2ーウ　　問3ーア

問1　令和○9年8月28日（水曜日）・令和○9年8月29日（木曜日）・令和○9年8月30日（金曜日）の3取引日が支払呈示期間となるので，正解はイとなる。

問2　権限なく他人名義の手形行為を行うことを手形の偽造という。一方，手形の記載内容を権限なく変更することを手形の変造という。

問3　手形には担保的効力があり，振出人と裏書人の両方に遡求できる。

2 問1ーイ　　問2ー（株主の）代表訴訟

問1　取締役の解任を求める権利や計算書類を承認する権利は共益権となる。

問2　一定の資格をもつ株主については，取締役に対して責任追及の訴えを起こす権利が認められている。これを株主の代表訴訟という。

選択問題Ⅱ　企業の責任と法

1 問1ーイ　　問2ーア　　問3ーア

問1　労働条件に関する最低基準を定めた法律は労働基準法である。

問2　選択肢ウの「通勤中や勤務中の負傷や疾病」には労災保険が適用される。

問3　民法では契約自由の原則によって雇用を規定しているが，それでは労働者にとって不利益な内容になる可能性があるため，労働基準法など労働三法が制定されている。

2 問1ーウ　　問2ークーリング・オフ（制度）／またはクーリングオフ（制度）

問1　連鎖販売のほかに，連鎖販売取引，マルチ商法などということもある。

問2　連鎖販売の場合には書面を受け取ってから20日間は，無条件で契約を解除することができる。

● 第2回　模擬問題（各2点）

1 問1ーウ　　問2ーウ　　問3ーイ

問1　「社会秩序」はルールではなく目的であり，「社会理念」には人を拘束する規範性がない。

問2　選択肢アは慣習で，選択肢イは道徳をさす。電車のなかで座席を譲るのは道徳であって，譲らなかったからといって国家から罰を受けることはない。

問3　法令は原則として将来に向かって効力が発生し，過去の出来事には適用されない。これを法律不遡及の原則という。もし過去の出来事に新しい法律が適用されると，社会が不安定になるためである。

2 問1ーア　　問2ーイ

問1　選択肢イは経営理念のことをさしている。公共の福祉は社会全体の向上発展のことをさし，民法は「私権は，公共の福祉に適合しなければならない」（第1条）と定めている。

問2　正当な範囲を逸脱した権利の行使を権利の

濫用という。

問1　文字や字句にしたがって法文を解釈することを文理解釈という。
問2　「キャッチボール」を広くとらえて野球だけでなくソフトボールも禁止されていると考えるのが拡張解釈である。一方、キャッチボールを野球に限定して解釈し、ソフトボールならばできると考えるのが縮小解釈となる。さらに「安全確保を理由とした注意なので、バドミントンやサッカーボールなども同様に禁止されている」と考えることを類推解釈という。

④ 問1－ア　　問2－イ　　問3－ウ
　　問4－イ
問1　自分の行為の結果を正常に判断できる能力を意思能力という。6歳から7歳くらいから意思能力が備わり出すと一般には考えられている。法律行為の前提になる概念であるが、精神状態をさす概念であり、意思能力そのものを制限することはできない。
問2　意思能力を欠く状態が「おおむね継続」「常況にある」場合には成年被後見人に分類され、「意思能力が著しく不十分」な場合には被保佐人に分類される。
問3　「1か月以上」の期間を定めることが必要で、これは制限行為能力者や法定代理人に余裕をもって考えてもらうためである。
問4　期間内に返事がなければ、追認があったものとみなされ、取引を認めたことになる。

⑤ 問1－ア　　問2－ウ
問1　失踪宣告は家庭裁判所が行う。
問2　失踪宣告がなされると私法上の法律関係は死亡したのと同じ取り扱いとなる。例えば夫が失踪宣告を受けた場合、残された妻は再婚することができる。

⑥ 問1－イ　　問2－ウ　　問3－イ
問1　産業財産権の事務は特許庁が取り扱っている。

問2　商標権については10年ごとに更新することで半永久的に使用することができる。
問3　実用新案権の存続期間は10年である。実用新案権は「ちょっとした発明」を保護するための制度であり、高度な発明などは特許権制度を利用することになる。

⑦ 問1－イ　　問2－ア
問1　債権は契約自由の原則によるが、物権は民法をはじめとする法律に定めたもの以外は当事者で自由に設定することはできない。自由に物権を設定できるようにすると、土地や建物を売買する際に見知らぬ物権が設定される可能性もあり、安全に取引ができなくなるためである。
問2　地役権とは自分の土地（要役地）の便益のために、他人の土地（承役地）を利用する物権をいう。

⑧ 問1－イ　　問2－ウ
問1　権利能力のない社団とは、法人と同じように活動しているのにもかかわらず、法人格をもっていない社団をいう。
問2　財産そのものに法人格を与えるのが財団法人である。例えば株式会社が公益目的で社会福祉に取り組むために、株式会社の財産とは区別して運用する場合などに財団法人が用いられる。

⑨ 問1－イ　　問2－ウ　　問3－利息制限法
　　問4　ウ
問1　債務者が目的物の所有権を担保として債権者に移し、目的物を債権者から借りて債務者が利用することができるのが譲渡担保である。債務を弁済した後は、所有権は再び債務者に復帰し、債務を弁済することができなかった場合には、所有権は債権者に帰属することになる。
問2　保証人が主たる債務者と連帯して保証債務を負担するのが連帯保証である。したがって主たる債務者と連帯保証人は同じ内容の債務を履行する義務を負う。
問3　借り主を保護するために約定利率を規制し

ているのは利息制限法である。
問4　借りたものを消費し，後で同種・同等・同量の物を返す契約を消費貸借という。

⑩　問1－イ　問2－イ　問3－ア
問1　公示の原則により，たとえ実態的には権利があるとしても，登記など公示がなければその権利の存在は否定されることになる。
問2　直接強制は物の引き渡しや金銭の支払いなど与える債務に限定され，債務者が一定の行為をなす債務の場合には直接強制は許されない。例えば債務者が「今日は気分が乗らないのでピアノを演奏したくない」と言っている場合に，無理やりピアノを演奏させるのは強制労働になる。
問3　1番抵当権としてすでに1,000万円が設定されている。家屋が1,200万円で売却された場合，その売却代金から1,000万円が1番抵当権者に弁済され，Bは2番抵当権者なので残額の200万円が弁済されることになる。

⑪　問1－ウ　問2－イ　問3－ウ
問1　相手方と話しあったうえで，真意とは異なる偽りの意思表示をすることを通謀虚偽表示または虚偽表示という。
問2　AとBの間に取引はあるが，その取引はあくまで真意と異なるものなので，意思の不存在といえる。
問3　意思が存在しない取引(通謀虚偽表示)なのでAとBの間では，この取引は無効である。ただし，この通りにすると善意で利害関係をもったCが保護されなくなる。そこで民法では，善意の第三者に対して表意者Aは無効を主張できないと定めている。

⑫　問1－ア　問2－ウ
問1　賃貸借は，貸し主が借り主に物の所有権を移転せずに使用・収益させることを約束し，借り主が貸し主に賃料を支払うことを約束することによって効力を生じる。使用貸借の場合には賃料は発生しない。
問2　指図による占有移転では，借り主B(直接占有者)に対しては，指示するだけで承諾

などは必要ない。「新しい所有者Cのために占有せよ」という指図(指示)だけが必要となる。

⑬　問1－イ　問2－ウ
問1　契約の履行に着手する前ならば，買い主は交付した手付金を放棄して契約を解除できる。
問2　不動産売買で所有権の移動にともなって行われる登記を移転登記または所有権移転登記という。

⑭　問1－イ　問2－イ　問3－ウ
問1　選択肢ウの公訴時効とは，刑法上の概念で，犯罪が終わったときから一定期間を過ぎると公訴が提起できなくなることをいう。
問2　時効の援用は，利益を受ける当事者のみが行う。まったく関係のない第三者が時効の援用を行うことはできない。
問3　消滅時効が完成するためには，権利が行使されない状態が継続する必要がある。請求や承認，差し押さえなどを行った場合には権利が行使されたことになるので，時効の進行が中断するだけではなく，それまで経過した時間も零(0)から再計算されることになる。

⑮　問1－初日不算入(の原則)　問2－イ　問3－ウ
問1　日・週・月・年を単位として期間を計算する場合には，午前0時から起算する場合を除いて初日不算入の原則が適用される。
問2　午前0時の場合には当日から起算するので，1月10日・11日・12日・13日・14日の5日間となり，満了点は1月14日24時ということになる。
問3　午前0時以外の場合には，初日不算入の原則が適用されるので，1月11日・12日・13日・14日・15日の5日間となり，満了点は1月15日24時となる。

⑯　問1－ア　問2－ウ
問1　履行期に履行が可能であるにもかかわらず，債務者が債務を履行しないことを履行遅滞という。

問2 履行遅滞の場合，債権者は損害賠償を請求することができる。この場合の損害賠償の金額は，遅延したことによる不利益を金銭に換算した金額である。これを遅延賠償という。

17 問1－イ　　問2－ウ　　問3－ウ
問1 民法改正により，敷金の定義や返還の時期，範囲などが明確化され，契約終了時には原則として敷金は返金されることや自然損耗は賃貸人の負担であることなどが法律で規定された（ただし，賃借人が支払っていない金銭債務がない場合）。
問2 いきなり更新拒絶をすると借家人の住まいが奪われる可能性があるため，借家人保護のためにこの規定が設けられている。
問3 借家権の場合，譲渡や転貸をするためには家主の承諾が必要である。無断で譲渡や転貸をした場合には，家主は契約を解除することができる。

選択問題Ⅰ　会社に関する法

1 問1－ア　　問2－ウ　　問3－ア
問1 剰余金配当請求権や残余財産分配請求権など経済的な利益を得る権利のことを自益権という。
問2 1株しかもっていない株主でも行使できる権利のことを単独株主権という。株主総会で議決権を行使する権利は単独株主権である。
問3 特別決議の場合には，議決権を行使しうる株主の議決権の過半数を有する株主が出席し，出席した株主の議決権の3分の2以上にあたる多数をもって決議する。

2 問1－白地手形　　問2－イ
問1 署名者が後日，受取人に補充させる意思で，手形要件の全部または一部を記載しないで発行した手形を白地手形という。こうした白地手形は，振出人と受取人の合意の上で振り出されることが原則である。
問2 約束手形の支払呈示期間は，支払いをすべき日とこれに次ぐ2取引日，つまり合計で3取引日となる。

選択問題Ⅱ　企業の責任と法

1 問1－イ　　問2－ア　　問3－ウ
問1 労働基準法では，労働者が人間らしい生活をおくるための労働条件を定めている。この法律の規定が遵守されているかどうかを監督するために労働基準監督署などが設置されている。
問2 「労災」などと短縮して呼ばれることが多い。業務上の事由と通勤時の労働者の負傷・疾病・障害・死亡などに迅速かつ公正な保護を行うための社会保険である。
問3 有給休暇については近年注目が集まっており，政府による有給休暇取得率の目標数値も設定されている。

2 問1－ウ　　問2－クーリング・オフ(制度)／またはクーリングオフ(制度)
問1 割賦販売は原則として2か月以上の期間にわたり3回以上の分割で売買することをさす。月賦方式や年賦方式などがある。
問2 「頭を冷やして冷静に考える」(クーリング・オフ)制度なので，クーリング・オフ制度と呼ばれている。最近では業者が消費者の住宅を訪問し，商品を買い取っていく「訪問購入」にもクーリング・オフ制度が導入されている。

● 第3回　模擬問題 (各2点)

1 問1－イ　　問2－ウ　　問3－不文法
問1 地方公共団体の議会が制定する成文法を条例という。
問2 成立した法令の効力を発生させることを施行といい，その期日を施行日または施行期日という。18歳未満を未成年とする改正民法は2018(平成30)年6月に成立したが，施行期日は2022(令和4)年4月1日である。国会で成立してから施行までの期間は，消費者被害を防止するための法整備などにあてられた。
問3 文書という形式では存在しない法を不文法という。

2 問1-ウ　　問2-任意(法規)
問1　選択肢アは(a)私法・(b)公私混合法という組み合わせである。また選択肢イは，(a)私法・(b)公法という組み合わせになる。
問2　当事者が法と異なる内容を定めたときは，その意思が尊重されて適用されない法を任意法規という。一方，当事者の意思にかかわらず適用が強制される法を強行法規という。

3 問1-文理(解釈)　　問2-ウ
問1　法文を字句通り解釈することを文理解釈という。
問2　「猫との同居可」という文章を推し量って「犬との同居も可能だろう」と類推しているので，類推解釈である。これを反対解釈すると「犬は猫ではないから同居はできない」となる。

4 問1-ア　　問2-ウ　　問3-ア
問1　工作物や植林などのためにその土地を使用する権利を地上権という。最近では都市再開発などのために地上権が利用されることがよくある。
問2　不動産賃借権が借地借家法の規定で物権のような効力をもつ傾向のことを不動産賃借権の物権化という。
問3　債権と債務が同一の人間に帰属して消滅することを混同という。

5 問1-イ　　問2-イ　　問3-ウ
　問4-イ
問1　自分の行為の結果を正常に判断できる能力を意思能力という。選択肢アは行為能力，選択肢ウは権利能力の説明である。
問2　意思能力の有無の証明は難しいので，民法は行為能力に制限をかけている。
問3　「詐」とは嘘を言ってだますという意味の漢字である。
問4　被補助人は，被保佐人と比較しても単独でできる行為の範囲が広い。ただし，特定の法律行為について，補助人の同意を得ないで行ったものについては，本人Aまたは補助人によって取り消すことができる。

6 問1-ウ　　問2-ウ　　問3-ア
問1　権利の対象となる有形・無形の資産や信用などを総称して権利の客体という。
問2　電気は無体物だが，人によって支配・管理できるので法律上は物として取り扱われる。
問3　従物は主物の処分にしたがう旨が民法に規定されている(87条2項)。したがって主物が売却されれば従物も一緒に売却されたことになる。

7 問1-ウ　　問2-イ　　問3-ウ
問1　産業財産権については特許庁が所管している。
問2　「ちょっとした発明」が実用新案権の対象となる。選択肢アは商標権，選択肢ウは特許権の説明である。
問3　司法書士は不動産登記などの登記業務を主に行う。行政書士は書類の作成や提出手続等を行う。

8 問1-法定(利率)　　問2-ウ　　問3-ア
問1　改正民法では法定利率は3分と定められ，3年ごとに見直す変動制が採用されている。
問2　連帯保証人は主たる債務者と同様の債務を負い，催告の抗弁権や検索の抗弁権をもたない。
問3　効力発生に条件をつけたものを停止条件という。条件が成就するまで契約の効力を「停止」させるので「停止条件」という。

9 問1-ア　　問2-イ　　問3-ウ
問1　「無償」で貸し借りをしているので使用貸借となる。
問2　害悪を告げて人に恐怖心をいだかせる行為を強迫という。この問題ではCは大声を出してAに恐怖心を抱かせているので強迫である。
問3　強迫による場合には，善意無過失の第三者に対しても取り消しの主張ができる。一方，詐欺による場合には，善意無過失の第三者に対しては取り消しの主張ができない。

[10] 問1－ウ　　問2－イ　　問3－イ
問1　その物の「種類」に着目して取引の目的物とした場合は，不特定物となる。この問題では「20箱分のリンゴ」ということで，種類に着目しているので不特定物である。
問2　意思表示は相手に到達しないと意味がないので到達主義が原則である。特に現在のように情報通信技術が発達し，郵便事情も良好な時代には到達主義で問題がない。
問3　選択肢アは「期間」の説明で，選択肢ウは「条件」の説明である。

[11] 問1－ウ　　問2－イ
問1　留置権については債務者の弁済を促すものであって，債権者が優先弁済を受けることまでは認められていない。
問2　売買などで所有権が移動するときに行われる登記を移転登記という。一方で，新築の建物など最初に所有権の登記を行う場合は保存登記という。

[12] 問1－イ　　問2－ウ
問1　手を尽くせば3月15日に納品ができたかもしれないのに，履行の期日に間に合っていないので履行遅滞となる。履行ができない状態であれば，履行不能となる。
問2　履行遅滞の場合，損害賠償の他に契約の解除が可能である。契約が解除されれば，それ以降の未履行の債務は履行する必要がなく，内金の授受などすでに履行した部分があれば相互にこれを返還することになる。

[13] 問1－ウ　　問2－（時効の）援用
問1　改正民法では，権利を行使できることを知ったときから起算して5年か権利を行使することができるときから10年間で消滅時効にかかるものとしている。実務上は，この2つの起算点はほぼ一致すると想定されている。
問2　時効の利益を主張することを「時効の援用」という。

[14] 問1－イ　　問2－ア
問1　不法行為制度は，違法な行為によって受けた損害を賠償させる制度である。自動車事故の場合，運転手と被害者に契約関係はないが，明白に「損害」が生じており，被害者の「損害」をいかにして賠償させるかが規定されている。
問2　従業員（雇用されている人間）が第三者に違法に損害を与えた場合，使用者（主に会社）も損害を賠償する責任を負う。この責任を使用者責任という。このとき使用者が被害者に損害を賠償したときは，従業員に求償することができる。

[15] 問1－ウ　　問2－公信（の原則）　　問3－ア
問1　引き渡しによった場合，Aは借りた本をBに売却した時点でいったんBに引き渡し，それからあらためてBから本を借りるということになる。しかしそれでは煩雑なので，意思表示のみによって所有権の簡易的な移転方法を認めたのが占有改定である。
問2　外形を信じて取引をした者に対して，外形通りの権利状態を与える原則を公信の原則という。
問3　取引の安全を確保するために，即時取得または善意取得の制度がある。善意無過失のCはただちに動産の所有権を取得することができる。

[16] 問1－ウ　　問2－委任状　　問3－イ
問1　任意代理の制度があることによって，取引の範囲を拡大することができる。
問2　任意代理で代理権を授与する場合，委任状を交付するのが普通である。代理人が取引を行う場合，この委任状を相手方に示して代理権を証明することができる。
問3　無権代理人の行った行為でも，本人が有利であると判断すれば，追認してその利益を得ることができる。

[17] 問1－イ　　問2－イ
問1　すでに隣の庭の木が倒れてきているので，所有物の占有がすでに侵害されている。した

がって妨害排除請求権が正解となる。もし隣の庭の木が倒れそうになっている段階であれば，倒れてこないように予防措置をとることを請求できる。この段階では妨害予防請求権となる。

問2 Bに無理やり木を取り除かせる作業をするのは強制労働となり許されない。こうした場合には，裁判所をへて業者に木を取り除いてもらい，その費用をBに請求することになる。

選択問題Ⅰ　会社に関する法

① 問1－ア　　問2－ウ　　問3－白地(手形)

問1 絶対的記載事項が記載されていなければ無効となる。こうした性質をもつ証券を要式証券という。また，手形行為によって生じる債務の内容は手形書面の記載内容のみによって決定され，そうした性質をもつ証券を文言証券という。

問2 満期の記載がない約束手形については一覧払いとみなされる。つまり支払いの呈示があった日が満期となる。

問3 白地手形は後に補充されることが予定されている未完成の手形である。

② 問1－ウ　　問2－ウ

問1 定款に別段の定めがなければ，株主総会の決議の大半は普通決議で決定される。ただし，監査役の解任や役員等の責任の一部免除，定款変更などには特別決議，全部の株式を譲渡制限とするための定款変更を行うには特殊決議が必要となる。

問2 監査役は，会計以外の業務監査の権限にもとづいて，取締役および会計参与ならびに支配人その他の使用人に対して事業の報告を求め，自ら会社の業務および財産の常況を調査することができる(会社法381条2項)。

選択問題Ⅱ　企業の責任と法

① 問1－イ　　問2－ウ　　問3－イ

問1 販売目的を告げずに営業所や喫茶店などに呼び出す販売方法をアポイントメントセールスという。

問2 クーリング・オフは店舗以外の場所で行われた取引に適用される。また，通信販売にはクーリング・オフ制度はない。したがって選択肢アは不適切である。

問3 書面を受け取った日から8日間は無条件で契約を解除することができる。

② 問1－就業規則　　問2－ウ

問1 使用者が労働時間や賃金などの労働条件を定めたものを就業規則といい，常時10人以上の労働者を使用する使用者には就業規則の作成義務が課されている。

問2 労働者が使用者の指示にしたがって労務に服することを約束し，使用者が労務に対して報酬を支払うことを約束する契約を雇用という。

● 第4回　模擬問題 (各2点)

① 問1－イ　　問2－ウ　　問3－ア

問1 法は国家権力によって強制される社会規範である点が道徳や慣習などとは異なる。

問2 規則は地方公共団体の長が制定する成文法である。また，命令は法律によって権限を与えられた国会以外の国家機関が制定する成文法である。

問3 憲法・刑法・刑事訴訟法などは公法，民法や商法は私法，独占禁止法や労働基準法は公私混合法となる。国または地方公共団体と個人との関係を規律するのが公法となる。

② 問1－文理(解釈)　　問2－ウ

問1 文理解釈は文章の意味を文字通り解釈するもので，文理解釈が解釈の基本となる。

問2 論理解釈には，類推解釈・反対解釈・縮小

解釈・拡張解釈がある。

③ 問１－ア　　問２－ウ
問１　地上の枝は切り取りの請求しかできないが，地下の根は切り取ることができる。
問２　周囲が他人の土地に囲まれた土地を袋地という。

④ 問１－ア　　問２－ウ
問１　善意無過失で占有を開始した場合，取得時効は10年である。
問２　時効の利益を主張することを時効の援用という。

⑤ 問１－ウ　　問２－イ　　問３－ウ
　　問４－イ
問１　訴訟行為を行ったり，あるいは訴訟を受けたりする能力を訴訟能力という。また，権利・義務の主体となることができる資格を権利能力という。
問２　選択肢アは，被補助人の説明である。また，選択肢ウは成年被後見人の説明である。
問３　制限行為能力者と取引をした相手方は，いつ契約が取り消されるかわからないという不安定な状態に置かれる。そこで，その不安定な状態を解消するために催告権が認められている。

⑥ 問１－ウ　　問２－ア　　問３－ア
問１　競売による売却代金は1,200万円である。まず１番抵当権のB銀行が600万円を回収し，その後２番抵当権のCが500万円を回収する。したがって３番抵当権のDは1,200万円－600万円－500万円＝100万円のみ回収することになる。
問２　庭石は土地の従物となる。1969（昭和44）年に石灯籠と庭石は土地の従物であるとする判決も出ている。一方，散水ホースは土地とは別個に独立した動産である。
問３　質権の場合には，債務の弁済があるまで債権者が占有する。質権については，動産と不動産，そして債権にも設定することができる。

⑦ 問１－特許権　　問２－ウ
問１　発明とは，自然法則を利用した技術的思想のうち高度なものをいい，特許権の審査はきわめて厳しいことで知られている。
問２　商標権の存続期間は，設定登録の日から10年で更新することができる。逆に使わなくなった商標については更新しないこともできる。

⑧ 問１－イ　　問２－借地借家（法）
問１　建物などを所有する目的で他人の土地を使用する物権を地上権という。物権なので登記が必要である。ただし，地主はあまり登記に協力的でないことが多く，実際には地上権の設定は難しい場面が多い。そこで利用されるのが賃貸借契約である。
問２　借地人や借家人の保護のために制定されたのが借地借家法である。借地借家法は民法に対して特別法となる。

⑨ 問１－ウ　　問２－委任状　　問３－ウ
　　問４－イ
問１　本人が自分で代理人を選んで一定の範囲の代理権を与える場合を任意代理という。
問２　本人から代理人に代理権を与えたことを証明する書類を委任状という。
問３　代理人が取引の相手方に自分が本人の代理人であることを示すことを顕名主義という。
問４　代理人Bは与えられた代理権（S市の土地300m²）を超えて，港区の土地100m²の売却も行っている。これを越権行為の表見代理といい，相手方が無権代理人Bを正当な代理人であると信じてもやむをえない場合があれば，AとDとの間に有効な代理があったのと同じ効果が認められる。

⑩ 問１－初日不算入（の原則）　　問２－ア
　　問３－イ
問１　翌日を起算日とするのが初日不算入の原則である。
問２　「１月30日から１か月間」といった場合，本来は応当日の前日が満了点となる。ただし，「２月29日」という日付は存在しないの

で，この場合はその月の月末が満了点となる。

問3 期限の到来時期が確定しているものを確定期限という。問題では「12月31日」と確定しているので確定期限となる。もし「いつになるかわからないが海外赴任から帰ってくるまで」ということであれば，不確定期限となる。

---

11 問1－物権法定主義　問2－イ

問1 物権については，その種類や内容は法律によってあらかじめ定められている。

問2 公示とは広く一般の人々に知らせることであり，不動産売買においては登記がその役割を果たす。

---

12 問1－ウ　問2－イ　問3－ア

問1 割賦販売契約などでは，買い主が代金を全額支払うまで所有権を売り主に留保し，代金債権を担保する。これを所有権留保という。

問2 履行しようと思えばできたにもかかわらず債務の履行期日が到来しても履行しないことを履行遅滞という。

問3 売買の目的物が完全でなかった場合には，売り主が一定の責任を負うのが妥当であり，これを売り主の担保責任という。売り主の担保責任には，契約内容不適合の担保責任と他人の権利売買の担保責任がある。契約内容不適合の担保責任の場合，買い主は売り主に対して追完請求や代金減額請求，損害賠償請求や解除ができる。

---

13 問1－ア　問2－ウ

問1 「表示した意思が真意でないことを表意者自身が知りながら行った意思表示」を心裡留保という。内心の意思(真意)はないが意思表示はなされているので，原則として心裡留保は有効である。ただし明らかな冗談の場合には相手方を保護する必要はないので無効となる。この場合は「周囲も冗談とわかって」いるので，無効である。

問2 選択肢アは詐欺による意思表示である(瑕疵ある意思表示)。選択肢ウは思い違いで真意とは異なる意思表示をしてしまった場合で，錯誤による意思表示という。

---

14 問1－ウ　問2－イ

問1 債権者が自分の債権を保全するために，債務者の権利を債務者に代わって行使できる権利を債権者代位権という。

問2 債権者に損害を与えることを知りながら，債務者が自分の財産を減少させる法律行為を詐害行為という。

---

15 問1－ア　問2－ウ

問1 不当利得とは，法律上の原因がなく，他人の財産によって受けた利益のことをいう。例えばAとBが売買取引をしたが，その売買取引が無効になった際の内金なども不当利得である。

問2 不法の原因のために給付をした者は，その物(給付)の返還請求はできない。不法な原因によって給付されたものを不法原因給付という。

---

16 問1－権利能力　問2－イ　問3－イ

問1 権利・義務の主体となることができる地位または資格を権利能力という。権利能力は人(自然人)と会社などの法人のみに認められている。例えば，どれだけ知能が高いサルや犬であっても，人でもなく法人でもない以上，取引をしたり相続をしたりすることはできない。

問2 一定の目的のために人々が集まって設立した法人を社団法人という。選択肢アは財団法人の説明で，選択肢ウは公法人の説明である。

問3 社団法人には公益社団法人，一般社団法人，営利社団法人があり，株式会社は営利社団法人である。営利社団法人には株式会社のほかに，合名会社・合資会社・合同会社がある。

---

17 問1－ア　問2－ウ　問3－イ
　　問4－イ

問1 賃貸借は，貸し主が借り主に物の所有権を移転せずに使用・収益させることを約束し，借り主が貸し主に賃料を支払うことを約束することによって効力を生じる。

問2 民法は賃貸借の存続期間を50年以下としている。現在では太陽光エネルギーの設備な

ど長期間にわたる賃貸借が珍しくなくなったことによる。

問3 民法の原則によれば借地人や借家人の保護がなされないので，借地借家法が制定されている。土地の賃貸借契約において実際に登記がなされることは稀なため，借地人が借地上の建物の登記をしておけば第三者に対抗できるという規定が置かれている（借地借家法第10条）。

選択問題Ⅰ　会社に関する法

1 問1－ウ　　問2－ア　　問3－ウ

問1 支払期日を含めて休日を除く3取引日が支払呈示期間となる。8月14日（火曜日），8月15日（水曜日），8月16日（木曜日）が支払呈示期間なのでウが正解となる。もし土曜日・日曜日・祝日があれば，取引日ではないので後ろにずれることになる。

問2 振出日を含めて11取引日が支払呈示期間となる。約束手形とは異なり，支払呈示期間に金融機関の休日を含める。ただし，最終日が金融機関の休日であれば，その次の取引日まで支払呈示期間は延長される。この問題では8月9日（木曜日）に小切手を振り出しているので，振出日を含む11日目は8月19日（日曜日）となる。ただし，最終日のみ金融機関が休日の場合には次の取引日まで支払呈示期間が延長されるため，8月20日までに支払呈示をしなければならないことがわかる。

8月9日（木曜日）
8月10日（金曜日）
8月11日（土曜日）
8月12日（日曜日）
8月13日（月曜日）
8月14日（火曜日）
8月15日（水曜日）
8月16日（木曜日）
8月17日（金曜日）
8月18日（土曜日）
8月19日（日曜日）
8月20日（月曜日）

約束手形	振出日を含めて3日間。支払呈示期間に金融機関の休日を含めない。
小切手	振出日を含めて11日間。支払呈示期間に金融機関の休日を含める。ただし，最終日が金融機関の休日の場合には，次の取引日まで延長される。

問3 裏書人は裏書によって，被裏書人およびその後の手形権利者全員に対して，支払いを担保する責任を負う。これを裏書の担保的効力といい，裏書の担保的効力にもとづく裏書人の義務を遡求義務または償還義務という。なお裏書人および被裏書人は約束手形の裏面に記載され，この問題ではA社が裏書人，B株式会社が振出人，C銀行が被裏書人に相当する。

2 問1－ア　　問2－ウ

問1 「監査等委員会」が設置されているので，「監査等委員会設置会社」と判断する。監査等委員会設置会社では監査役会の設置は認められないので，選択肢ウは間違いである。また，監査等委員会の監査等委員は会社法によって全員取締役で，さらに3人以上でその過半数は社外取締役でなければならない旨が定められている。したがって，正解はアとなる。

問2 監査等委員の選任は株主総会の普通決議である。ただし，監査等委員の理不尽な解任を防止するためにその解任は特別決議でなければならないと定められている（会社法309条，344条の2など）。

選択問題Ⅱ　企業の責任と法

1 問1－ウ　　問2－イ　　問3－仲裁

問1 生じた紛争を当事者が話しあって互いに譲歩し，解決することを民法上の和解または示談という。

問2 ADRとはAlternative Dispute Resolutionの略で代替的紛争解決という意味である。

問3 調停は裁判所の調停委員会が当事者の意見

を聞いた上で紛争を解決する案（調停案）を示し，当事者が納得して受け入れることによって成立する。仲裁は仲裁合意にもとづいて，仲裁人が仲裁判断を示し，当事者がしたがう形式をとる。和解は裁判官が当事者の間に入って相互に譲歩させ，当事者に合意してもらう。国際取引の多くは，国際商事仲裁制度を利用して紛争の解決をはかることが多い。

2 問1－労働基準法　　問2－イ

問1　労働者が人間らしい生活をするための最低の労働条件を定めた法律を労働基準法という。

問2　請負人が一定の仕事を完成することを約束し，注文者がその仕事の結果に対して報酬を支払うことを約束する契約を請負という。

第37回商業経済検定試験
経済活動と法模範解答 （各2点）

( )内は別解である。

得 点

1	問1	問2	問3
	ア	ウ	イ

2	問1		問2
	文 理 解釈		ウ

3	問1	問2
	ア	イ

14

4	問1	問2	問3	問4
	ウ	イ	ア	ア

5	問1	問2	問3
	イ	ア	ウ

14

6	問1		問2	問3
	物 権 法 定 主義		ウ	ア

7	問1	問2	問3
	ウ	特 許 庁	イ

12

8	問1	問2	問3	問4
	イ	ウ	イ	ア

9	問1		問2	問3	問4
	停 止 条件		ア	ウ	イ

16

10	問1	問2	問3
	ウ	ア	ウ

11	問1	問2		問3
	イ	表 見 代理		ウ

12	問1	問2	問3
	イ	ア	イ

18

13	問1	問2		問3	問4
	ウ	抵 当 権		イ	ア

14	問1	問2	問3		問4
	ウ	イ	保証人の 求 償 権		ア

16

選択問題Ⅰ〔会社に関する法〕

1	問1	問2
	イ	ウ

2	問1	問2	問3
	ア	イ	募 集 設立

選択問題Ⅱ〔企業の責任と法〕

1	問1	問2	問3
	ア	ウ	クーリング（・）オフ

2	問1	問2
	イ	ア

10

選択問題Ⅰ〔会社に関する法〕・選択問題Ⅱ〔企業の責任と法〕の2分野を解答した場合は，
選択問題を0点としてください。

第37回（各2点）

1 **問1ーア　問2ーウ　問3ーイ**

問1　人間と人間が社会生活を営むさいの一定の
　　ルールを社会規範という。

問2　法は，国家権力によって強制されるという
　　点で道徳や慣習，宗教上の戒律とは異なるの
　　が特徴である。選択肢アは慣習，選択肢イは
　　道徳の性質を説明している。

問3　成文法に対して，文書という形式では存在
　　しない不文法がある。人びとの間に慣習的に
　　法として意識されるようになった慣習法や，
　　同じ趣旨の判例が積み重なることによって生
　　まれた判例法が不文法になる。

2 **問1ー文理（解釈）　問2ーウ**

問1　法文の字句を文字どおりに解釈することを
　　文理解釈という。これに対して法律の立法趣
　　旨やほかの条文の関係なども考慮して，論理
　　的に矛盾がないように解釈することを論理解
　　釈という。

問2　類似するほかの事項の法文などから推しは
　　かって解釈することを類推解釈といい，ここ
　　ではバーベキューや花火が禁止されている趣
　　旨を類推してたき火も禁止されていると解釈
　　している。看板の文言よりも禁止されている
　　ことがらを拡大しているので，これは拡大解
　　釈でもある。しかし，選択肢に拡大解釈はな
　　いので，正解は類推解釈となる。

　　　一方，選択肢アの反対解釈によれば，バー
　　ベキューと花火は禁止されているがたき火は
　　禁止されていないので，たき火はできると解
　　釈することになる。

3 **問1ーア　問2ーイ**

問1　社会全体の向上や発展を目的とすることを
　　公共の福祉という。

問2　権利の行使によって得られる特別な利益も
　　ないのに，相手方に損害を与えるためだけに
　　なされるような正当な範囲を逸脱した権利の
　　行使を権利の濫用といい，権利の濫用は民法
　　で禁止されている。

4 **問1ーウ　問2ーイ　問3ーア　問4ーア**

問1　自分の行為の結果を正常に判断できる能力
　　のことを意思能力という。この意思能力は誰
　　にでもそなわっているものではなく，幼児や
　　重度の精神障害者，泥酔した人などには認め
　　られない。

問2　精神上の障害などにより，意思能力を欠く
　　状態がおおむね継続している者は，本人や家
　　族などの請求により，家庭裁判所が後見開始
　　の審判をおこなうと成年被後見人となる。

問3　高齢化などにより将来的に本人の判断能力
　　が不十分になる事態に備えて，まだ意思能力
　　が十分なうちに自分の生活や看護・介護，財
　　産管理などに関する事務をおこなう任意後見
　　人を決定しておく制度を任意後見制度とい
　　う。

問4　制限行為能力者（成年被後見人・被保佐人・
　　被補助人）と取引をした相手方は，そのま
　　だといつ契約を取り消されるかわからない不
　　安定な状態におかれてしまう。そこで，取引
　　の相手方には催告権が認められる。たとえば
　　被補助人と取引をした相手方は，1か月以上
　　の期間を定めて，取り消すことができるその
　　契約を追認するかどうか確答するように補助
　　人に対して催告をすることができる。このと
　　きもし補助人がその期間内に確答しない場合
　　には，追認したことになり，その契約は成立
　　することになる。

5 **問1ーイ　問2ーア　問3ーウ**

問1　管理が可能であれば無体物であっても取引
　　の対象となるので，「物」として扱われること
　　がある。その具体例は電気で，たとえば他人
　　の電気を盗むことは窃盗罪にあたる。

問2　金庫と鍵，あるいは建物と畳などのように
　　2つの独立した物がお互いに補いあっている
　　場合，補われている物を主物，補っている物
　　を従物という。たとえば主物である金庫を売
　　却した場合には，従物も同時に売却されたと
　　考えることになる。

　　　選択肢イの乳牛と牛乳の関係は，乳牛が元
　　物で牛乳が天然果実，選択肢ウの畑とじゃが
　　いもの関係も畑が元物でじゃがいもが天然果

25

実となる。

問3　土地や建物などを貸し出して，その使用の対価として受け取る受取地代や受取家賃のことを法定果実という。したがって正解はウとなる。

　　　選択肢アの物の個性を問わずに種類や数量に着目して取引された物は不特定物のことであり，選択肢イの「ある物が他の物をうみ出した場合に，うみ出す側の物」とは元物のことである。

6　問1－物権法定（主義）　問2－ウ　問3－ア

問1　直接性や排他性などをもつ強い権利の物権については，すべて法律でその種類や内容が決められる。これを物権法定主義という。

問2　所有権の行使は無制限ではなく，たとえば私法上の制限として，隣の土地から50cm未満の敷地には建物は建てられないことが定められている。

　　　選択肢アは相隣関係ではなく，文化財保護法による所有権の制限である。また，選択肢イのように農村などの一定地域の住民が慣習にもとづいて山林で伐木や伐草ができる権利は入会権のことになる。

問3　袋地（他人の土地に囲まれて，公道に出ることができない土地）を囲むほかの土地のことを囲繞地という。

7　問1－ウ　問2－特許庁　問3－イ

問1　2021（令和3）年に「鬼滅の刃」のキャラクターを無断でケーキに描いて販売したパティシエが著作権法違反で書類送検された。この著作権は，一部の例外を除いて著作者の生存中と死後70年間にわたり保護されることになる。

問2　特定の企業が製造し販売していることを示す文字や図形などについては，特許庁に登録すると，設定登録の日から10年間にわたり独占使用が認められる。これを商標権という。

問3　製品のデザインなどの意匠については，意匠原簿に設定登録すると意匠権が認められる。この意匠権は，出願の日から25年間にわたり，独占して登録意匠およびこれに類似

する意匠を使用することができる。

8　問1－イ　問2－ウ　問3－イ　問4－ア

問1　当事者の一方がある財産を無償で相手方に与える意思を表示し，相手方がこれを受諾することによって成立する契約を贈与という。この問題ではAの父親がAに土地を贈与し，Aの父親のみが債務を負ったので片務契約である。また，父親とAの合意で契約が成立しているので諾成契約であり，父親のみがAに対して経済的な利益を与えているので無償契約となる。

問2　BにだまされてAは意思表示をおこなったので，詐欺による意思表示になる。もしBがAに恐怖心をいだかせて意思表示をさせた場合には，強迫による意思表示となる。

問3　売買や贈与，相続などで所有権が移転した場合におこなわれる登記を移転登記という。

問4　原則としてAは詐欺による意思表示を取り消すことができる。しかし，善意無過失の第三者であるCに対しては，契約の取り消しを主張することができず，土地の返還請求はできない。この場合，詐欺の被害者であるAの保護よりも，善意の第三者であるCの保護が優先される。

9　問1－停止（条件）　問2－ア　問3－ウ
　　問4－イ

問1　将来発生するかどうかわからない事象を，契約の効力が発生する要件とする条件を停止条件という。その事象が実際に発生するまで，契約の効力が停止されていると考える。

問2　所有権にもとづく物権的請求権に関する設問である。第三者が理由なく所有権を侵害している場合には，その第三者に対して所有権の完全な支配状態を回復する請求権がある。この問題でAが所有権を有している住宅に，隣地の樹木が倒れそうになってきている場合にも，Aは自分の土地にその樹木が倒れてこないように予防措置をとることを請求できる。これを妨害予防請求権という。

問3　Aが代理人である弁護士に代理権を与えたことを証明する書類が委任状である。した

がって選択肢ウが正解となる。

問4　第三者が債務者の代わりにおこなっても，債権の目的を達することができる場合には，債務者に費用をださせて，その行為を第三者におこなわせる場合がある。これを代替執行という。この問題の場合，倒れた樹木の撤去はBがおこなわなくても業者に依頼すれば目的を達成できるので，代替執行が可能である。しかし，高名なバイオリニストがコンサートをキャンセルした場合，別のバイオリニストが代わりに演奏しても観客の意図にはかなわない。こうした場合には代替執行はできないことになる。

10　問1－ウ　問2－ア　問3－ウ
問1　野生の鳥や魚をとった場合や，他人が捨てたものを拾った場合など，所有者のいない動産を占有したものは，その所有権を取得する。これを無主物の帰属あるいは無主物先占という。

問2　何日間とか何週間のように，ある時点からほかの時点までの継続した時間を期間といい，日・週・月・年で期間を定めた場合，別の規定や約束などがない限り，その定めをした当日は期間の計算に算入しない。この問題では7月5日の午前11時にミヌエットを借りているが，それが午後2時であっても午後11時であっても当日は期間の計算に算入されないので関係がない。

　7月6日から起算して10日目は，7月15日となる。他の規定がなければ7月15日の24時が期間の満了点となるのが原則である。
問3　賃料を支払っているので使用貸借ではないことがわかる。また，同種・同等・同量のものを返すのが消費貸借なので，これも該当しない。猫を一匹借りたので，同じ種類の別の猫をお店に返すわけにはいかない。そこで正解は選択肢ウの賃貸借であることがわかる。

11　問1－イ　問2－表見(代理)　問3－ウ
問1　未成年者の代理人が法律で親権者や未成年後見人と決められているように，法律で誰が代理人となるのかといったことが決められて

いる代理のことを法定代理という。

問2　無権代理ではあるが本人と特別な関係があるために，相手方に対して代理権が存在するかのような外観がある場合には，その外観を信じた相手方を保護するために，本人との間に有効な代理があったのと同じ効果が認められる。これを表見代理という。

問3　X新聞販売店の店主が従業員Aを解雇した時点で，Aの代理権は消滅している。しかし，X新聞販売店の印が押されている白紙の領収証をAが持っていたので，BがAをX新聞販売店の正当な代理人と信じてもやむをえない外観があったことになる。そのためBがAに対して支払った新聞代金は，X新聞販売店に支払ったのと同じ効果をもち，Bはふたたび新聞代金を支払う必要はなくなる。

12　問1－イ　問2－ア　問3－イ
問1　時効には，ある事実状態が一定程度継続することが必要になるので，確定判決や強制執行等が終了したとき，権利の承認があったときなどは，あらためて時効の計算をすることになる。これを時効の更新という。

問2　一定の期間にわたり継続して権利を事実上行使する者に，その権利を取得させる制度を取得時効という。たとえば他人の土地であっても一定の条件を満たせば，その土地の所有権を得ることもできる。

問3　Bが善意無過失で自分の土地であると信じていたので，10年の時効期間で所有権を取得することができる。したがって選択肢イが正解になる。

　なお，他人の土地であると知っていた場合（悪意の場合）や善意有過失の場合であっても，20年が経過すれば，所有権を時効取得することができる。

13　問1－ウ　問2－抵当(権)　問3－イ
　　問4－ア
問1　契約の履行に着手する前であれば，Aの側から契約を解除する場合には手付金を放棄し，不動産業者の側から契約を解除する場合には手付金の倍額をAに返還する。

問2 債務者または第三者が不動産を占有したまま債権の担保として提供し、債務者が弁済期に弁済しないときは、債権者がその不動産を競売して、その代金からほかの債権者に優先して弁済を受けることができる権利を抵当権という。たとえばこの問題ではAは抵当権を設定した土地と建物にそのまま住むことができる。

問3 履行はなされたものの故意または過失によって債務の内容に適合しない不完全な点があることを不完全履行という。このとき債務の履行期に食器洗浄乾燥機は設置されているので、履行遅滞や履行不能にはあたらないことになる。

問4 引き渡された目的物が契約内容に適合しない場合には、買い主は売り主に対して、目的物の修補、代替物の引き渡しなどの追完請求や代金減額請求や損害賠償請求、契約の解除などができる。しかし、これらは買い主が契約内容の不適合を知ったときから1年以内に売り主にその旨を通知しなければならない。

14 問1－ウ 問2－イ
問3－(保証人の)求償(権) 問4－ア

問1 保証人が主たる債務者と連帯して債務を負担すること連帯保証債務あるいは連帯保証という。

問2 連帯保証債務には「保証人である私よりも先に主たる債務者に請求してください」といった催告の抗弁権は認められていない。

問3 保証人が弁済した金銭については、保証人は主たる債務者に返還請求できる。この権利を求償権という。

問4 連帯保証人であるAは主たる債務者であるBに対して求償権をもつが、Bの資力が乏しい場合、無償で債権を消滅せざるをえない場合もある。これを免除という。

選択問題Ⅰ 会社に関する法

1 問1－イ 問2－ウ

問1 記載事項が法律で決められている有価証券を要式証券という。

問2 手形や小切手の所持人が支払呈示した日を支払期日とすることを一覧払いという。

2 問1－ア 問2－イ 問3－募集(設立)

問1 合名会社・合資会社・合同会社を持分会社という。

問3 発起人だけで設立することを発起設立といい、発起人以外の者や企業も設立時の株式を引き受ける設立を募集設立という。

選択問題Ⅱ 企業の責任と法

1 問1－ア 問2－ウ
問3－クーリング(・)オフ

問1 通行人を呼び止めて営業所や喫茶店などで契約をおこなう手法をキャッチセールスという。

問2 商品やサービスの代金を分割で支払うことを割賦販売という。

問3 契約の書面を受け取った日から8日間以内であれば無条件で契約を解除できる制度をクーリング(・)オフという。

2 問1－イ 問2－ア

問1 常時10人以上の労働者を使用する使用者は、就業規則を作成しなければならない。

問2 選択肢イの請負は、請負人が仕事の完成を約するものであり、選択肢ウの委任は、他人の法律関係の処理を任せる契約のことである。

第37回商業経済検定試験
経済活動と法解答用紙

得　点

1	問1	問2	問3

2	問1（　解釈）	問2

3	問1	問2

4	問1	問2	問3	問4

5	問1	問2	問3

6	問1（　主義）	問2	問3

7	問1	問2	問3

8	問1	問2	問3	問4

9	問1（　条件）	問2	問3	問4

10	問1	問2	問3

11	問1	問2（　代理）	問3

12	問1	問2	問3

13	問1	問2（　権）	問3	問4

14	問1	問2	問3（保証人の　　権）	問4

注：選択問題　　いずれか1分野を解答すること。2分野を解答した場合は，選択問題すべてを無効とします。

選択問題Ⅰ〔会社に関する法〕

1	問1	問2

2	問1	問2	問3（　設立）

選択問題Ⅱ〔企業の責任と法〕

1	問1	問2	問3

2	問1	問2

受験場校		受験番号		総得点	

第37回（令和4年度）

商業経済検定試験問題

〔経済活動と法〕

解答上の注意

1．この問題のページは2から16までです。

2．解答はすべて別紙解答用紙に記入しなさい。

3．問題用紙の表紙に受験番号を記入しなさい。

4．文字または数字で記入するもの以外はすべて記号で答えなさい。

5．選択問題Ⅰ〔会社に関する法〕・選択問題Ⅱ〔企業の責任と法〕は2分野のうち1分野を解答すること。2分野を解答した場合は，選択問題すべてを無効とします。

6．計算用具や六法全書などの持ち込みはできません。

7．制限時間は50分です。

※　試験終了後，問題用紙も回収します。

公益財団法人　全国商業高等学校協会

1 次の文章を読み，問いに答えなさい。

　近年，ペットを飼う人が増えており，とくにコロナ禍においては，おうち時間のなかでペットと一緒にくつろごうとする人が増え，ペットの人気がさらに高まっている。その一方で，ペットのふん害が後を絶たず，地域や行政などは，飼い主のマナー違反に頭を抱えている。

　人が人や地域と関わりをもって社会生活を営むとき，日々の生活が平穏・円滑に秩序を保って営まれていくためには，(a)社会の誰もが守らなければならないルールが必要になる。このルールには，法・道徳・慣習・宗教上の戒律などがある。

　ペットのふん害に対して，山梨県のA市は，「A市まちをきれいにする条例」を制定して，飼い犬・飼い猫のふんの放置の禁止に関して自治体が改善を勧告し，さらに措置命令をして，これに従わないときには過料が科せられる場合があるとの罰則を設け，ふん害対策を行っている。

　このように，条例や命令など，(b)法は，ほかとは異なる特質をもっている。また，法はさまざまな基準から分類し体系づけることができる。基準の一つとして，条文の形に書きあらわされた成文法と，(c)明確な条文の形に書きあらわされていない不文法に分類できる。不文法は複雑な現代社会の秩序を維持するために，成文法だけでは不十分なところを補う役割をもっている。

　社会が日々変化しているなか，社会のしくみにあわせて，法が社会の秩序を維持する役割を果たしていることを忘れてはならない。A市の場合，今回の取り組みによってふん被害は減少したとのことであるが，一方でふん害対策は飼い主の良心に任せられている部分もあるので，飼い主は最低限のマナーを守って飼育することが望まれている。

問1．下線部(a)を何というか，次のなかから適切なものを一つ選びなさい。
　　ア．社会規範　　イ．行動理念　　ウ．社会秩序

問2．下線部(b)に記された特質の説明として，次のなかから適切なものを一つ選びなさい。
　　ア．長い間のならわしや風習として，一般的に認められているという特質
　　イ．善悪を判断する基準として，個人の価値観に依存するという特質
　　ウ．国家権力によって定められ，守ることを強制されるという特質

問3．下線部(c)の具体例として，次のなかから適切なものを一つ選びなさい。
　　ア．規則　　イ．判例法　　ウ．条約

② 次の文章を読み，問いに答えなさい。

　高校生のAは，近所を散歩していたところ河川敷にある管理事務所の入り口に，「敷地内でバーベキュー・花火を禁止します」と書かれた看板をみつけた。Aは(a)これを法としてみた場合，文言通りに解釈すると「敷地内でバーベキューや花火は禁止されているのだ」と解釈した。

　一方，法全体との関連を考え，論理に従って法を解釈する方法があり，これを論理解釈という。例えば，この看板の場合，Aはこの河川敷でたき火をしてもよいのか考えてみた。(b)これを法としてみた場合，たき火もバーベキューや花火のように，火気の使用による危険があるとして，その趣旨をくんで敷地内でたき火をすることも禁止ではないかとする解釈ができると考え，Aはこういう危険な行為はやめようと思った。

問１．下線部(a)のような法の解釈を何というか，漢字２文字を補って正しい用語を完成させなさい。

問２．下線部(b)を論理解釈としてみた場合，どのように分類されるか，次のなかから適切なものを一つ選びなさい。
　　ア．反対解釈　　イ．縮小解釈　　ウ．類推解釈

③ 次の文章を読み，問いに答えなさい。

　私たちの社会生活は，法律的にみると権利と義務の関係で成り立っている。この関係を法律関係という。そこで，社会生活が秩序正しく営まれるためには，権利者が無制限に権利を行使することは許されず，(a)公共の福祉に適合するように，信義に従い誠実に権利を行使しなければならない。また，義務者も責任をもって義務を果たさなければならない。

　公共の福祉に適合しているかどうかが争点となった「宇奈月温泉事件」の事例があり，その概要は次のとおりである。

　温泉会社のX社は，源泉から引湯管（ひきゆかん）を通して温泉を引いていた。Aの購入した土地の一部に，その温泉の引湯管が通っていた。Aはその引湯管の撤去に莫大な費用がかかることに目をつけ，X社に対して撤去を求めた。Aは，引湯管の撤去に応じられないときは，自分の購入したすべての土地を高額な価格で買い取るように要求した。裁判所の判決では，(b)正当な範囲を逸脱した権利の行使であるとして，Aの要求を退けた。

問１．下線部(a)の説明として，次のなかから最も適切なものを一つ選びなさい。
　　ア．社会の向上や発展を目的とした社会全体の利益
　　イ．人間が人間として当然もっている基本的な権利
　　ウ．公の秩序または善良な風俗に反する行為

問２．下線部(b)を何というか，次のなかから正しいものを一つ選びなさい。
　　ア．権利・義務の主体　　イ．権利の濫用　　ウ．治外法権

4 次の文章を読み，問いに答えなさい。

商品を購入する売買契約のように，自分の意思にもとづいて権利・義務を発生させる行為を法律行為という。法律行為には(a)自分のしようとする行為の意味や性質について正常に判断できる能力が必要となり，この能力のない人が行った法律行為は無効となる。しかし，この能力は誰にでも備わっているわけではない。

民法では，判断力の不十分な人が不利な取引をしないようにするために，一定の人々については画一的に法律行為が一人でできる資格がないものとして保護する制度をもうけている。このような人々を制限行為能力者と呼び，未成年者，被補助人，被保佐人，(b)成年被後見人の4種がある。

高齢化社会がすすむなかで，認知機能が低下して日常生活や社会生活に支障をきたす人が増えている。ここでは，高齢の父親がいるAを事例として制限行為能力者についてみてみる。

Aは本人の判断能力の状態により二つの制度があることを知った。一つは，(c)本人の判断能力が不十分になった場合に備えて，自分の生活や療養看護，財産管理に関する事務を担当し後見をする人に代理権を与える制度である。もう一つは，現に判断能力の不十分な状態にある本人について，本人や家族の請求により，判断能力の状態に応じて，裁判所が適任と認める者をそれぞれの保護者として，補助人，保佐人，成年後見人に選任する制度である。

例えば，父親Bが，現に判断能力の不十分な状態にあり，裁判所から被補助人に該当すると判断された場合は，補助人のAの同意なしで行った預金の管理や不動産の処分など，特定の法律行為は取り消すことができることがわかった。そこで，父親Bが一人で不動産取引をしたと想定してみると，取引の相手方はその取引が取り消される不安があるために，1か月以上の期間を定め，補助人のAに対して催告することができることがわかった。そして，(d)もし取引の相手方が催告して，その期間内に，補助人のAから確答がなかった場合は，この取引はどうなるのか，民法で調べてみることにした。

問1．下線部(a)を何というか，次のなかから正しいものを一つ選びなさい。
　ア．権利能力　　イ．行為能力　　ウ．意思能力

問2．下線部(b)の説明として，次のなかから適切なものを一つ選びなさい。
　ア．軽度の精神上の障がいで，判断能力が不十分な人
　イ．精神上の障がいで，判断能力を欠く常況にある人
　ウ．精神上の障がいで，判断能力が著しく不十分な人

問3．下線部(c)を何というか，次のなかから正しいものを一つ選びなさい。
　ア．任意後見制度　　イ．法定後見制度　　ウ．三審制度

問4．本文の主旨から，下線部(d)の結論として，次のなかから適切なものを一つ選びなさい。
　ア．制限行為能力者側は，この取引を認めたことになり，売買契約は成立する。
　イ．制限行為能力者側は，この取引を認めたことになるが，売買契約は成立しない。
　ウ．制限行為能力者側は，この取引を認めたことにならず，売買契約は成立しない。

5 次の文章を読み，問いに答えなさい。

　あの人の財産，あの会社の資産というように，自然人や法人は，権利の主体として財産を支配しており，この支配を通して経済生活が繰り広げられている。これらの支配されている財産は，権利の客体といわれ，その中心をなすものが物である。

　物とは，有体物をいう。有体物は無体物に対する概念で，空間の一部を占める有形的なものであり，無体物は空間の一部を占めない無形的なものである。しかし，(a)無体物であっても，人が支配・管理することができ，取引の対象となるので，法律上，物として扱われるものもある。

　物は，いろいろな観点から分類され，物の種類として分類すると，不動産と動産，特定物と不特定物に分けることができる。また，物と物の関係でみると，物と物との間には，特別な関係がある場合があり，(b)主物と(c)従物，元物と果実に分けることができる。さらに，果実は，天然果実と(d)法定果実に分けることができる。

問１．下線部(a)の具体例として，次のなかから適切なものを一つ選びなさい。
　　ア．熱　　　イ．電気　　　ウ．光

問２．下線部(b)と下線部(c)に分類される物の組み合わせとして，次のなかから適切なものを一つ選びなさい。
　　ア．(b)金庫　　　(c)鍵
　　イ．(b)乳牛　　　(c)牛乳
　　ウ．(b)畑　　　　(c)じゃがいも

問３．下線部(d)の説明として，次のなかから適切なものを一つ選びなさい。
　　ア．物の個性を問わず，種類や数量に着目して取引された物
　　イ．ある物が他の物をうみ出した場合に，うみ出す側の物
　　ウ．物の使用の対価として受け取る金銭その他の物

6 次の文章を読み，問いに答えなさい。

　物権とは，ある一定の物を，他人からの影響や干渉を排除して直接に支配し，利用できることを内容とする権利である。このように，(a)物権は，他人を排除する強い権利であるから，その種類や内容は法律が定め，個人が勝手にそれと違う物権を作ることはできない，とされている。

　民法に定められている物権は，所有権，用益物権，担保物権，占有権などがある。このうち所有権は，法令の制限内で物を自由に使用し，収益し，処分するというように，どのような手段でも全面的に物を支配することのできる権利である。しかし(b)民法では，第209条から238条に相隣関係を規定しており，隣接する土地の所有権との間の利益の調整をはかったり，所有権に制限を加えたりしている。

　例えば，他人の土地に囲まれていて，公道に出ることができない土地の所有者Aは，公道に出るために，他人の土地の通行が必要になるため，(c)その土地を囲んでいる他人の土地を一定の制限のもとに通行している。これは民法が相隣関係において，所有権の制限を加えた事例である。

　また，建築基準法や土地収用法などの特別法による所有権の制限もある。

問１．下線部(a)のような原則を何というか，漢字４文字を補って正しい用語を完成させなさい。

問２．下線部(b)に記された相隣関係の具体例として，次のなかから適切なものを一つ選びなさい。
　ア．重要文化財は，所有者であっても自由に処分できない。
　イ．農村の人々は，他人の山林に入って伐木・採草をすることができる。
　ウ．建物を建築する際には，境界線から50cm以上の距離を保たなければならない。

問３．下線部(c)を何というか，次のなかから適切なものを一つ選びなさい。
　ア．囲繞地（いにょうち）（いじょうち）　イ．袋地　ウ．公地

7 次の文章を読み，問いに答えなさい。

　2021年11月に，人気漫画のキャラクターを描いたデコレーションケーキを無許可で販売したとして，自営業者が書類送検される事件があった。ＳＮＳを通じて顧客の指定したシーンを無断で描いてケーキにしたということである。私的利用のためなら，著作物を複製することも許されているが，その範囲を大きく逸脱した行為である。

　これは，知的財産権の一つである(a)著作権が侵害された事例である。知的財産権とは，発明やアイデアを守る権利で，創作した知的財産を支配し，その経済的な利益を独占できる権利である。

　また，知的財産権は，著作権のほかにもさまざまな産業財産権(工業所有権)があるので，ここではそれらについてもみてみる。

　一つ目は，(b)人の知覚により認識できるもののうち，文字，図形，記号，立体的形状もしくは色彩またはこれらの結合，音その他政令で定めるもの(標章)であり，これを行政機関に登録をすると，登録の日から10年間独占して使用できる権利である。

　二つ目は，物品の形や構造についての，実用的な産業上の新しい考案であり，これを行政機関に登録すると，出願の日から10年間独占して製造，販売などができる権利である。

　三つ目は，(c)物品の形状，模様もしくは色彩またはこれらの結合について美感をおこさせる創作であり，これを行政機関に登録すると，出願の日から25年間独占して使用できる権利である。

　知的財産には，さまざまな種類があり，また，どのような知的財産がうまれるか予想できないので，新たな知的財産に適した法的保護をうみ出す必要があることも意識しなければならない。

問１．下線部(a)の保護期間として，次のなかから適切なものを一つ選びなさい。
　ア．わが国では，一部の例外を除いて，著作者の生存中および死後50年間であり，映画については作品の公表後50年間である。
　イ．わが国では，一部の例外を除いて，著作者の生存中および死後50年間であり，映画については作品の公表後70年間である。
　ウ．わが国では，一部の例外を除いて，著作者の生存中および死後70年間であり，映画については作品の公表後70年間である。

問２．下線部(b)に記された行政機関はどこか，漢字３文字で正しい用語を記入しなさい。

問３．下線部(c)を何というか，次のなかから正しいものを一つ選びなさい。
　ア．商標権　　イ．意匠権　　ウ．実用新案権

8 次の文章を読み，問いに答えなさい。

　Aは，ある地方の郊外に広大な土地を所有している。Aが所有しているこの土地は，10年前にA
が父親との(a)贈与契約によって取得したものである。この土地は，最寄りの駅からとても遠く，人
里離れた不便な場所であり，これといった特徴もない。

　ある日，Aのもとへ，不動産業者を名乗るBが訪ねてきた。Bは，「Aさんが所有している土地
を買い取らせてほしい。あの土地の周辺は，今後，栄える見込みもなく，地価が下がり続けること
は確実です。維持費の負担も大変でしょう」とAに言い，続けて「今すぐにでも売却したほうがお得
です。手続きも簡単に済み，売却代金もすぐにお支払いします」と言った。Aは，この土地を所有
し続けても維持費の負担が大きいと思うようになり，売却を検討することにした。

　実は，Aの所有する土地の周辺一帯が，大規模な土地区画整理事業計画の区域内にあり，今後，
地価が確実に上昇することをBは知っていた。そのため，BはAをだまして土地を安価で買い取
り，他人に高値で売却しようと考えていたのである。

　後日，Bは再びAを訪ね，土地の売却をあらためて依頼した。(b)AはBにだまされていることに
気が付かずに，土地のすべてを安価で売却する意思表示を行い，売買契約を結んでしまった。

　数か月後，Aは売却した土地の周辺一帯で大規模開発が行われており，地価が上昇していること
を知った。AはBにだまされていたことに気が付いた。AはBに連絡し，土地の返還を求めたが，
すでに(c)その土地は事情を知らないCに売却され，Cの名義で土地の登記がされていた。

　Aは納得ができず，法律の専門家に相談した。法律の専門家は，(d)AがだまされてBに売却して
しまった土地がどうなってしまうのか，教えてくれた。

問1．下線部(a)を契約の性質から分類した場合，どのような組み合わせになるか，次のなかから適
　　切なものを一つ選びなさい。
　　ア．諾成契約・双務契約・有償契約
　　イ．諾成契約・片務契約・無償契約
　　ウ．要物契約・双務契約・無償契約

問2．下線部(b)のような意思表示を何というか，次のなかから適切なものを一つ選びなさい。
　　ア．錯誤による意思表示　　　イ．強迫による意思表示　　　ウ．詐欺による意思表示

問3．本文の主旨から，下線部(c)に記された登記を何というか，次のなかから適切なものを一つ選
　　びなさい。
　　ア．保存登記　　　イ．移転登記　　　ウ．抹消登記

問4．本文の主旨から，下線部(d)の結論として，次のなかから適切なものを一つ選びなさい。
　　ア．AとBの売買契約は取り消すことができるが，善意無過失の第三者Cに対しては契約の取り
　　　消しを主張することはできず，土地の返還請求はできない。
　　イ．AとBの売買契約は無効であり，善意無過失の第三者Cに対しては契約の取り消しを主張す
　　　ることができ，土地の返還請求ができる。
　　ウ．AとBの売買契約は取り消すことができないが，善意無過失の第三者Cに対しては契約の取
　　　り消しを主張することができるため，土地の返還請求ができる。

9 次の文章を読み，問いに答えなさい。

　　Aは会社勤めで部長の立場にあり，まもなく定年を迎える。Aは定年退職後，沖縄県の離島に移住することが夢であった。Aの息子夫婦は，Aに対して(a)「もし父さんが病気をしないで無事に定年を迎えることができたら，沖縄県の離島への旅行をプレゼントする」と言って旅行のプレゼントを約束した。

　　Aは定年後，息子夫婦からプレゼントされた沖縄へ旅行に行った。Aは旅行をしたことで，さらに離島へ移住したいという思いが強くなった。旅行後Aは，沖縄の不動産業者を訪ねて，最適な住宅を探すことにした。不動産業者に希望条件を伝えると，不動産業者が所有するいくつかの住宅を紹介された。実際に見学してから購入を考えたいと思い，Aは不動産業者と高速フェリーで離島を訪ねた。Aは最初に紹介されたX島の雰囲気がとても気に入り，X島の住宅を購入することにし，不動産業者と売買契約を締結し，購入代金を銀行振り込みですぐに支払った。

　　Aは，購入した住宅周辺の状況を確認するために，再度X島を訪れた。すると，Aが購入した住宅の隣地にある大きな樹木がAの土地に傾いて，今にも倒れそうになっていることに気がついた。Aは台風も近づいているので，(b)隣地の所有者であるBに「私の土地に樹木が倒れないように対処してください」とお願いした。

　　その後，X島に台風が上陸し，Bの土地の大きな樹木がAの土地に倒れてしまった。Aは，Bに「もうすぐこの土地に引越しをするので樹木を撤去してください」とお願いした。しかし，再三のお願いにもかかわらずBは樹木を撤去してくれなかった。そのため，Aは弁護士に相談することにした。すると弁護士はAに，「Bさんに樹木の撤去をするように，裁判所に請求手続きをすることができます」と言ってくれた。Aは弁護士と契約を結び，(c)委任状を作成して着手金を渡した。弁護士からは，「裁判所の判決で樹木を撤去する命令が出ているにもかかわらず，Bさんが樹木を撤去しない場合には，(d)Bさんのかわりに業者に依頼して樹木を撤去させ，その撤去にかかったすべての費用をBさんに負担させる強制執行を裁判所に請求します」と言って手続きをすすめた。しかし，強制執行に着手する直前，BはAに対し，「金銭面の都合がついたので，今すぐに撤去します」と言って謝罪をし，樹木を撤去してくれた。

問１．下線部(a)のような条件を何というか，漢字２文字を補って正しい用語を完成させなさい。

問２．下線部(b)のような物権的請求権を何というか，次のなかから正しいものを一つ選びなさい。
　　ア．妨害予防請求権　　イ．妨害排除請求権　　ウ．返還請求権

問３．下線部(c)の説明として，次のなかから適切なものを一つ選びなさい。
　　ア．請負人が一定の仕事を完成させることを約束する契約書のこと
　　イ．他人に依頼されて自己の名義の使用を認めたことを証明する書類のこと
　　ウ．他人に法律関係の処理を任せる代理権を与えたことを証明する書類のこと

問４．下線部(d)のような強制執行を何というか，次のなかから適切なものを一つ選びなさい。
　　ア．間接強制　　イ．代替執行　　ウ．直接強制

10 次の文章を読み，問いに答えなさい。

　Aの勤めている会社では，新型コロナウイルス感染症拡大の影響を受けて以来，在宅勤務の頻度が8割，出勤が2割の状況が続いている。Aは在宅勤務にも慣れてきたが，日中一人でパソコンと向き合っているのはとても負担である。

　Aは，犬や猫などの動物が好きである。Aは一人暮らしのため，犬や猫を飼育することをためらっていた。しかし，長引く在宅勤務で日中も自宅にいることが多いので，癒しを求めて，猫を飼育することを検討した。Aは，猫の飼育に慣れている親友のBに相談することにした。

　BはAに，「(a)野生の犬や猫などを引き取ったり，捨ててある物を拾ったりする場合など，所有者のない動産を占有した者はその所有権を取得することができるよ。でもペットショップの方が希望の猫と出会える確率が高いと思うよ」と言い，さらに，猫を借りて体験飼育をすることができるペットショップがあることを教えてくれた。

　AはペットショップX店で，とてもかわいらしいミヌエットという猫に一目ぼれした。Aはこの猫をとても気に入り，借りて飼育することにした。(b)AがX店から猫を借りたのは，7月5日の午前11時であり，レンタル期間は10日間の契約になっている。Aは，民法上では期間満了の日時がいつになるのか調べることにした。なお，期間に関する特段の定めはなかった。

　その後，Aは，期間満了前に借りた猫をX店に返した。AがX店と交わしたレンタルの契約は，猫の体験飼育ができるという内容であり，Aが20,000円をX店に支払って猫を借り，契約期間内に猫を返すという契約である。AがX店と締結した契約は，(c)当事者の一方が相手方に目的物を使用・収益させることを約束し，相手方が賃料を支払うことと，契約終了時に目的物を返還することを約束することによって成立する貸借契約である。

　その後Aは，猫を飼育できると思ったので，X店でミヌエットの子猫を購入し，癒されながら在宅勤務をしている。

問1．下線部(a)を何というか，次のなかから適切なものを一つ選びなさい。
　ア．埋蔵物発見　　イ．遺失物拾得　　ウ．無主物の帰属

問2．本文の主旨から，下線部(b)の期間満了の日時として，次のなかから正しいものを一つ選びなさい。
　ア．7月15日の24時に満了する。
　イ．7月14日の11時に満了する。
　ウ．7月14日の24時に満了する。

問3．下線部(c)に記された貸借契約を何というか，次のなかから適切なものを一つ選びなさい。
　ア．使用貸借　　イ．消費貸借　　ウ．賃貸借

11 次の文章を読み，問いに答えなさい。

　私たち個人や企業などは，さまざまな契約を締結している。契約は，本人どうしの間で行われるのが原則であるが，必ず本人がしなければならないとすると不便である。そのため，本人にかわって契約を締結することが認められており，これを代理の制度という。代理には，(a)法律によって誰が代理人になるかや代理権の範囲が決められている代理と，本人が任意に代理人を選び一定の範囲の代理権を与える代理がある。

　また，代理権のない者が，本人の代理人であると偽って代理行為をした場合，これを無権代理というが，この行為は，本人が追認しない限り，本人に効力は生じない。そのため，契約の相手方は無権代理人に責任を追及することになる。しかし，(b)本来は無権代理であるが，本人と無権代理人との間に特別な関係があるため，相手方に対して代理権が存在するかのような外観を呈している事情があると認められる場合には，その外観を信じた相手方を保護して，本人との間に有効な代理があったのと同じ効果が認められることもある。

[事例]

　X新聞販売店の店主は，従業員Aを先月末に解雇した。店主の代理人として新聞代金を集金していたAは，勤務態度が悪く，再三注意されているにもかかわらず直らなかったので解雇はやむを得なかった。しかし，Aは店主を逆恨みし，X新聞販売店に損害を与えようと企てた。Aは解雇された際にX新聞販売店の印が押されている白紙の領収証を数枚もっていた。そこでAは，先月まで集金していた新聞購読者のBを訪ねた。Bは，AがX新聞販売店を解雇されていた事実を知らずに，従業員であると信じて新聞代金をAに支払った。AはX新聞販売店の領収証をBに渡した。

　X新聞販売店の店主は，Bの新聞代金の支払いが確認できなかったため，電話をして確認した。するとBは，「従業員のAさんに新聞代金を支払いました。領収証ももらいました」と店主に言った。店主は「Aは先月末に解雇しました。すでに当店の従業員ではありませんので，もう一度新聞代金を支払っていただきたい」とBにお願いした。Bは納得がいかなかった。この場合，(c)BはX新聞販売店に，もう一度新聞代金を支払わなければならないのかどうか，消費生活センターに相談することにした。なおBは，善意無過失である。

問１．下線部(a)のような代理を何というか，次のなかから適切なものを一つ選びなさい。
　　ア．任意代理　　イ．法定代理　　ウ．復代理

問２．下線部(b)のような無権代理を何というか，漢字2文字を補って正しい用語を完成させなさい。

問３．本文の主旨から，下線部(c)の結論として，次のなかから最も適切なものを一つ選びなさい。
　　ア．Aの行為は代理権授与の表示による無権代理であり，BはAの外観を信ずべき正当な理由があるとはいえないため，Bは再び新聞代金を支払わなければならない。
　　イ．Aの行為は与えられた権限を越えた越権行為であり，BはAの権限の範囲を確認しなかったため，Bは再び新聞代金を支払わなければならない。
　　ウ．Aの行為は代理権消滅後の無権代理であり，BはAの外観を信ずべき正当な理由があるといえるため，Bは再び新聞代金を支払わなくてよい。

12 　次の文章を読み，問いに答えなさい。

　2020年度施行の改正民法により，時効の内容が一部見直された。時効とは，ある事実状態が一定期間続いた場合に，これを尊重して，法律上の権利関係として認める制度である。

　時効には2種類あり，まずは，今回改正された時効についてみてみる。この時効においては，一定の期間，権利を行使しないことによって，権利を主張できなくなってしまうものである。改正前は，請求する権利の期間が，旅館の宿泊料金や飲食店の飲食代金などの債権の場合は1年，弁護士や公証人の職務に関する債権の場合は2年などのように統一されていなかった。しかし，改正後は請求する債権の内容にかかわらず，債権者が権利を行使することができることを知った時から5年間と，権利を行使することができる時から10年間の二段構えに統一された。

　このように時効には，期間があるが，(a)時効によって権利を得たり失ったりするには，一定の事実状態が続いていることが必要であり，その継続を妨げるような事情があれば，その時からあらためて時効の期間を計算することになる。例えば，飲食店で客のAが飲食代金を後払いにして，Aが支払わないまま半年が過ぎたとする。半年後に飲食店がAに未払いの代金を請求し，Aが「もう少し待ってください」と言った場合，その未払いの事実を認めた時点から再び未払い代金の時効期間がはじまることになる。

　さらにもう一つの時効についてみてみる。これは，(b)一定の期間，権利を継続して事実上行使する者に，その権利を認めるという時効である。

　例えば，BとCは隣りあって土地を所有しているとする。互いの土地の境界線は杭を打って示している。ある日，Cが自己所有の土地を売るために測量したところ，Bが畑として使用している土地の一部がCの土地であることが判明した。CはBに「あなたの土地の一部は私の土地です。境界の杭を打ち直して，私の土地を返してください」と言った。(c)Bはこの土地について，どのような扱いになるのか，民法を調べることにした。なおBは，15年間，何の疑いもなく平穏かつ公然とその土地を使用しており，善意無過失であるといえる。

　今回，2種類の時効の制度をみてみたが，時効の制度は，社会生活を送るうえで大切なことであるので，しっかりと理解しておきたい。

問1．下線部(a)を何というか，次のなかから適切なものを一つ選びなさい。
　ア．時効の完成猶予　　イ．時効の更新　　ウ．時効の援用

問2．下線部(b)を何というか，次のなかから正しいものを一つ選びなさい。
　ア．取得時効　　イ．消滅時効　　ウ．公訴時効

問3．本文の主旨から，下線部(c)の結論として，次のなかから適切なものを一つ選びなさい。
　ア．Bは善意無過失であり，平穏かつ公然と10年以上Cの土地の一部を使用していたが，もともとCの土地であり，この土地の所有権はBにあると主張することができない。
　イ．Bは善意無過失であり，平穏かつ公然と10年以上Cの土地の一部を使用していたため，時効の制度により，この土地の所有権はBにあると主張することができる。
　ウ．Bは善意無過失であり，平穏かつ公然と10年以上Cの土地の一部を使用していたが，時効の制度では20年の期間が必要なため，この土地の所有権はBにあると主張することができない。

13 次の文章を読み，問いに答えなさい。

　Aは，中古住宅を購入して5年が経つ。このたび，子どもが生まれることもあり，念願だった新築一戸建てに買い替えることにし，不動産業者を訪ねた。Aは，間取りや外観などの設計が自由にできる注文住宅プランを選んだ。Aは不動産業者が所有する土地をいくつか見学した。数か所回ると希望に一致する土地がみつかったため，Aは購入を決めた。不動産業者は，「土地の購入代金の一部を手付金としてお振込みください」とAに伝えた。Aは不動産業者と別れた後，指定された口座に200万円を振り込んだ。(a)Aは支払った手付金が高額なので，Aまたは不動産業者が契約を解除する場合について，民法を調べておくことにした。

　Aは土地購入代金の残金と建物の建築代金を銀行で住宅ローンを組んで借り入れることにした。銀行員は「(b)Aさんの購入する土地と建物に対して担保物権を設定します。これは，もしAさんが住宅ローンを返済できない場合に，土地と建物を競売にかけて，その売却代金から当行が優先して弁済を受けることができる権利のことです」とAに伝えた。その後，銀行の審査も通ったので，不動産業者と土地の売買契約と建物の建築に関する契約を締結した。

　Aは，現在住んでいる中古住宅を購入した際のリフォームのことを思い出した。リフォームの際に設置した食器洗浄乾燥機が正常に作動しなかったのである。(c)これは，食器洗浄乾燥機を設置した業者の債務不履行であると憤り，修理を依頼したことを思い出す。

　Aは今回購入する新築住宅は，目に見える不具合はないと思っている。しかし，(d)売買の目的物自体に外からではわからない契約内容の不適合があった場合，売り主に対して履行の追完や代金の減額，損害賠償の請求や契約の解除などの権利は，不適合を知ってからいつまでに売り主に通知しなければ行使できなくなるのか，念のため調べておくことにした。

問1．下線部(a)の結果として，次のなかから適切なものを一つ選びなさい。
　ア．契約の履行に着手する前であれば，Aが支払った手付金を放棄するか，不動産業者が受け取った手付金をAに返還すれば，契約を解除することができる。
　イ．契約の履行に着手する前であれば，Aが支払った手付金の倍額をさらに支払うか，不動産業者が受け取った手付金をAに返還すれば，契約を解除することができる。
　ウ．契約の履行に着手する前であれば，Aが支払った手付金を放棄するか，不動産業者が受け取った手付金の倍額をAに返還すれば，契約を解除することができる。

問2．下線部(b)に記された担保物権を何というか，漢字2文字を補って正しい用語を完成させなさい。

問3．本文の主旨から，下線部(c)に記された債務不履行を何というか，次のなかから正しいものを一つ選びなさい。
　ア．履行遅滞　　　イ．不完全履行　　　ウ．履行不能

問4．下線部(d)について，次のなかから適切なものを一つ選びなさい。
　ア．契約内容の不適合を知ってから，1年以内に通知しなければ，権利の行使はできなくなる。
　イ．契約内容の不適合を知ってから，3年以内に通知しなければ，権利の行使はできなくなる。
　ウ．契約内容の不適合を知ってから，通知期限の定めはなく，いつでも権利の行使ができる。

14 次の文章を読み，問いに答えなさい。

　AとBは，お互いに将来の夢についてたびたび相談し合う旧知の仲である。困ったときには，お互いに助け合うことを約束していた。Bの夢はラーメン店を開業することである。AはBがラーメン店を開業することを応援しており，開業する際には何でも協力するという約束をしていた。

　Bはいよいよ，長年の夢であったラーメン店を開業することになった。開業資金は，今までの貯蓄だけでは足りないので，金融機関から借り入れるとのことであった。その際に，金融機関の担当者から人的担保が必要だと言われたようである。Bは申し訳ないという顔をして，Aに「(a)主たる債務者である私と連帯して債務の履行を保証する人的担保をお願いしたい」と言った。

　Aは，主たる債務者と連帯して債務の履行を保証する人になって，もし債務者本人が返済できないと，人間関係が壊れることもあると聞いたことがある。例えば，Bのラーメン店が不調で，金融機関への返済が滞った場合，Aには(b)催告の抗弁権がないため，Bにかわって金融機関に債務を弁済しなければならない。また，検索の抗弁権も行使することができない。仮に，(c)AがBにかわって金融機関に債務を弁済した場合には，Aが金融機関に弁済した額の返還をBに請求することができる権利がある。しかし，Bの店が不調の場合，Bから回収することは難しいと思った。その際，AはBに対して債権を有することになるが，(d)Aが一方的にBに対する債権を放棄して，Bの債務を消滅させることもあるかもしれないと覚悟しておく必要がある。Bとは長い付き合いであり，信用できる人物でもある。Aは開業する際には何でも協力するという約束もしている。AはBを信じて契約書にサインをした。

　Aは，Bがラーメン店を開業して数か月後に訪ねてみた。すると，Aの心配には及ばず，Bのラーメン店は行列ができるほどの繁盛店になっていて，マスコミにも取り上げられるようになった。Bから話を聞くと，この調子でいけば，金融機関からの借り入れは予定よりも早く完済できそうだという。Aは，夢をかなえたBのことを，勇気があり，うらやましいと思った。

問１．下線部(a)のような人的担保を何というか，次のなかから正しいものを一つ選びなさい。
　ア．保証債務　　イ．連帯債務　　ウ．連帯保証債務

問２．下線部(b)の説明として，次のなかから正しいものを一つ選びなさい。
　ア．債務者には強制執行しやすい財産があるということを証明して，まず主たる債務者の財産に対して強制執行するように債権者に主張する権利のこと。
　イ．債権者が主たる債務者に請求しないで，保証人に請求してきた場合，まず主たる債務者に請求するように債権者に主張する権利のこと。
　ウ．債権者と債務者の合意で，債務を金銭ではなく，かわりに同額相当の物を引き渡して本来の債務を消滅させることができること。

問３．下線部(c)を何というか，漢字2文字を補って正しい用語を完成させなさい。

問４．下線部(d)のような債務の消滅を何というか，次のなかから適切なものを一つ選びなさい。
　ア．免除　　イ．相殺　　ウ．更改

選択問題Ⅰ〔会社に関する法〕

① 次の文章を読み，問いに答えなさい。

手形や小切手は，一定の金額の支払いを請求する権利をあらわした有価証券である。しかも，それは(a)法律で記載することを要すると定められた事項（必要的記載事項）が記載されなければ無効とされる有価証券であり，証券の記載によって権利の内容が決められる有価証券である。さらに，その権利の発生・変更・消滅について，すべて証券によってなされることが必要である。

また，手形や小切手は，企業にとって支払いまたは信用の手段として，あるいは，国際取引における取り立ての手段としても利用される。このうち，約束手形は，期限付き債務の支払い手段として利用される。一方，小切手は，満期日の記載をすることができず，つねに(b)一覧払いとされるので，即時払いの手段として利用される。

問1．下線部(a)を何というか，次のなかから適切なものを一つ選びなさい。
　ア．電子記録債権　　イ．要式証券　　ウ．不完全有価証券

問2．下線部(b)の説明として，次のなかから適切なものを一つ選びなさい。
　ア．令和×年○月△日というように，特定の日に支払われるべきもの
　イ．支払いを求めて小切手が呈示された日から，一定の期間経過後に支払われるべきもの
　ウ．支払いを求めて小切手が呈示されたときに支払われるべきもの

② 次の文章を読み，問いに答えなさい。

会社法に基づいて設立された法人を会社という。会社は，株式会社と，(a)持分会社という二つの類型に分けられる。

ここでは，株式会社の設立手続きについてみてみる。株式会社を設立する際には，まず発起人が(b)会社の根本規則を記載した書面を作成しなければならない。そして，会社の設立手続きの進め方には，発起人が設立時に発行する株式の全部を引き受ける方法と，(c)発起人が設立時に発行する株式の一部を引き受けるだけで，残りの株式を引き受けてくれる株主を募る方法の2種類がある。設立手続きの最後に，設立登記がなされると，会社は法人として成立する。

問1．下線部(a)の内容として，次のなかから適切なものを一つ選びなさい。
　ア．合名会社・合資会社・合同会社という3種類がある。
　イ．指名委員会・監査委員会・報酬委員会を置く会社である。
　ウ．子会社の株式取得価額の合計額が，子会社の総資産額の半分以上である。

問2．下線部(b)を何というか，次のなかから正しいものを一つ選びなさい。
　ア．約款　　イ．定款　　ウ．商号

問3．下線部(c)を何というか，漢字2文字を補って正しい用語を完成させなさい。

選択問題 II 〔企業の責任と法〕

1 次の文章を読み，問いに答えなさい。

　　会社員のＡは，(a)休日に駅前の路上で見知らぬ女性から「紫外線に関するアンケートに答えてください」と声を掛けられた。女性に連れられて近くの喫茶店に入ると「あなたは，もっと美しくなれます」と言われ，40万円の美容器具の購入を勧められた。

　　Ａは，今すぐには40万円も用意できないため断ろうとしたが，女性から「(b)商品代金を毎月２万円ずつ，20回に分けて支払う方法がある」と言われ，月に２万円であれば支払えると思い，その場で売買契約を結んでしまった。しかし，Ａは帰宅してから冷静になって考えると，自分には必要ないと思うようになった。Ａは調べた結果，(c)Ａが結んだような売買契約や訪問販売による売買契約などの場合，契約書を受け取った日から一定の期間内であれば，無条件で契約を解除できる制度があることを知った。Ａはこの制度を利用して売買契約を解除することにした。

　問１．下線部(a)のような販売方法を何というか，次のなかから適切なものを一つ選びなさい。
　　ア．キャッチセールス　　　イ．アポイントメント・セールス　　　ウ．ネガティブオプション

　問２．下線部(b)のような販売方式を何というか，次のなかから適切なものを一つ選びなさい。
　　ア．試用販売　　イ．連鎖販売　　ウ．割賦販売

　問３．本文の主旨から，下線部(c)を何というか，カタカナで正しい用語を記入しなさい。

2 次の文章を読み，問いに答えなさい。

　　近年，働き方改革が叫ばれるようになり，労働者に保障されている年次有給休暇の取得や，男性の育児休暇の取得が奨励されるようになった。

　　わが国では，(a)常時10人以上の労働者を使用している事業所は，労働時間や賃金，その他労働条件に関する具体的細目を定める規則類によって労働契約の内容を示すことが法律によって定められている。そこには，年次有給休暇や育児休暇制度などについても記載することになっている。

　　労働者と使用者は，(b)労働者が使用者の指図に従って働くことを約束し，使用者がそれに対して賃金を支払うことを約束する契約によって成り立つ関係である。労働者と使用者は対等な立場であるからこそ，働き方改革が叫ばれてきたのである。従来，働きすぎといわれた日本人にとって，仕事と生活のバランスを考えるよい機会であるといえるだろう。

　問１．下線部(a)を何というか，次のなかから適切なものを一つ選びなさい。
　　ア．労働協約　　イ．就業規則　　ウ．事務管理

　問２．下線部(b)の労務の類型を何というか，次のなかから正しいものを一つ選びなさい。
　　ア．雇用　　イ．請負　　ウ．委任